18 FÉV…

LA

…AILLE DE MONTEREAU

PAR

…DU-NANGIS PÈRE

Témoin oculaire

…EC NOTES ÉCLAIRCISSEMENTS ET CARTE

PAR

PAUL QUESVERS

MONTEREAU

…EORGES ZANOTE, IMPRIMEUR BREVETÉ

2, rue de l'Hôtel-de-Ville

1900

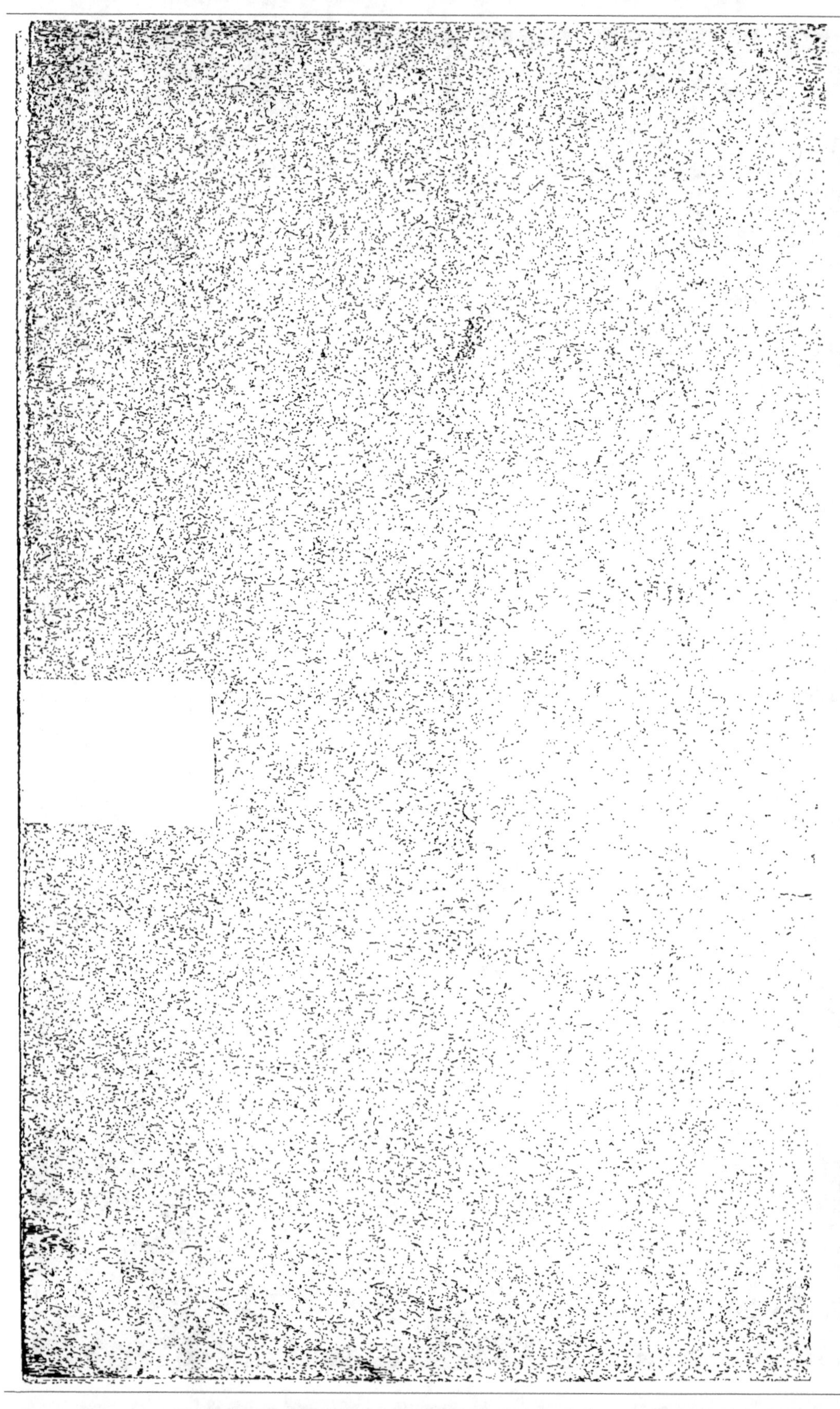

18 Février 1814

LA

BATAILLE DE MONTEREAU

MONTEREAU. — TYPOGRAPHIE G. ZANOTE

18 FÉVRIER 1814

LA BATAILLE DE MONTEREAU

PAR

TONDU-NANGIS Père

Témoin oculaire

AVEC NOTES, ÉCLAIRCISSEMENTS ET CARTE

PAR

PAUL QUESVERS

MONTEREAU

GEORGES ZANOTE, IMPRIMEUR BREVETÉ

8, rue de l'Hôtel-de-Ville

1900

AVERTISSEMENT

E récit de la *Bataille de Montereau* qu'on va lire, est dû à un témoin oculaire, M. Tondu-Nangis, pépiniériste, puis employé des ponts et chaussées, et architecte de la ville de Montereau. Quelques rares Monterelais peuvent encore se souvenir de cet excellent homme, un peu oublié aujourd'hui ; aussi l'occasion me semble-t-elle bonne pour lui consacrer une petite note biographique qui, annoncée dans le *Courrier du Commerce (Journal de Montereau-fault-Yonne)* du 5 mai 1859, ne me paraît pas avoir jamais été publiée.

Laurent-Louis-Mathieu-Henri Tondu naquit à Montereau le 14 janvier 1782 ; il était fils de Mathieu-Laurent Tondu, entreposeur des tabacs et directeur des pépinières royales de Montereau, et de Marie-Françoise Méry, fille d'un géomètre de Fontains, près de Nangis. Mathieu-Laurent Tondu était natif de Nangis ; et c'est pour cette cause et afin de le distinguer d'une autre famille Tondu, depuis longtemps établie à Montereau, qu'on lui donna le surnom de Nangis, lorsque, vers 1761, il vint s'installer dans notre ville. Lui-même, du reste, et son fils après lui, prirent l'habitude de signer Tondu dit Nangis ; cependant, notre auteur finit, dès 1812, par signer simplement Tondu-Nangis.

Le jeune Tondu reçut l'instruction que pouvait alors donner le maître d'école de Montereau ; mais il aimait à s'instruire et, de plus, il put profiter des leçons de son père qui me paraît avoir eu une certaine instruction ; il dut, notamment, lui apprendre assez de dessin pour lui permettre d'être attaché à l'administration des ponts et chaussées et de reproduire, d'une façon plus géométrique qu'artistique, quelques vues de certains vieux monuments de Montereau, détruits pendant la Révolution. La plupart des originaux de ces dessins, dont je possède des copies dans ma collection, sont toujours entre les mains de son arrière-petit-fils, M. Eugène Frémont, négociant à Paris ; et, si imparfaits que soient ces dessins, il est à souhaiter que, quelque jour, ils soient déposés dans le musée... futur de Montereau.

Doué d'un esprit vif, curieux et observateur, Laurent-Louis-Mathieu-Henri Tondu ne se contentait pas de dessiner les vues dont je viens de parler, il prit, tout jeune, l'habitude de noter les événements locaux qui frappaient son imagination. C'est ainsi qu'on le voit, en 1797 (il avait seize ans alors), prendre des notes sur la vente du mobilier du château de Saint-Ange, notes qui m'ont été fort utiles pour faire ma notice intitulée : *Le Château de Saint-Ange et son mobilier en 1797.*

Il essaya même, un peu plus tard, d'aborder le théâtre. On a trouvé, dans ses papiers, un manuscrit intitulé :

LE COMBAT DE SAALFELD
OU
LE MOULIN DE LA VALLÉE D'AWERSTAD
DRAME EN TROIS ACTES EN PROSE
PAR TONDU-NANGIS

avec cette mention à la fin du troisième acte :

Achevé de copier sur le manuscrit original le
20 novembre 1812, avant d'en faire l'envoye
au théâtre de l'Ambiguë-Comique le...

La date manque, ce qui semble indiquer que notre auteur, bien conseillé du reste, renonça à faire jouer son drame.

J'ai vu aussi, dans ses papiers, un autre petit manuscrit écrit en 1814 et intitulé :

VOYAGE
DE MONTEREAU A PARIS PAR LE COCHE

. . . .

Enrichi d'anecdotes concernant les gens de rivierres
et suivi d'une table explicative
des mots usités parmi les mariniers de la Seine
pour désigner
les différents accidents de la rivierre

Par L.-L.-M.-H. T.-N... sur les observ. du s^r L. O.

La table explicative ne paraît pas avoir jamais été faite ; quant au manuscrit, fort peu intéressant du reste, il décrit très sommairement les pays traversés par le coche et met en scène certaines personnes de Montereau, des mariniers du temps, notamment : Pinard, Zozo (Sourdou), Girault, Horson, etc.

M. Tondu-Nangis père aimait passionnément Montereau et, outre les quelques dessins dont j'ai déjà parlé, il a recueilli quelques courtes notes sur le vieux Montereau. Il avait longtemps eu le désir de faire l'*Histoire de Montereau,* mais les *outils,* je veux dire les livres et les documents d'archives, lui manquaient et il n'a publié que fort peu de chose.

J'ai patiemment relevé, dans la collection du *Courrier du Commerce,* les articles suivants dont la plupart, du reste, n'ont qu'un médiocre intérêt :

Agriculture, petit article sur les pommes de terre dans le numéro du 11 janvier 1840 ;

Souvenirs de 1814, deux colonnes dans le numéro du 25 janvier 1840 ;

Variétés, article intitulé : *Les Solliciteurs* (numéro du 1er février 1840) ;

Nécrologie de Christophe Opoix, de Provins (5 septembre 1840) ;

Lettre sur les fêtes de juillet (14 août 1841) ;

Provins, une colonne et demie (28 août 1841) ;

Réflexions sur des *Recherches historiques* publiées dans le numéro du 9 août 1845 (16 août 1845) ;

Article sur la *Restauration du pont d'Yonne* et sur les moulins autrefois situés sur ce pont (16 juillet 1848) ;

Article sur quelques *Objets gallo-romains* trouvés dans la rivière (10 décembre 1848) ;

Article sur la *Porte du Pont,* ou grande poterne de l'ancien château (21 janvier 1849) ;

Et une courte *Notice sur Montigny-Lencoup* (13 mai 1852).

Enfin, M. Tondu-Nangis père a fait imprimer, en 1858, une petite plaquette intitulée : *Essais historiques sur Villaron.*

L'auteur décrit bien tout ce qu'il a vu, tout ce que la tradition lui a appris ; malheureusement, il imagine des étymologies d'une fantaisie outrée, aussi bien dans cette petite notice sur Villarron que dans les quelques notes qu'il a recueillies sur Montereau.

Mais ce qu'il a laissé de plus intéressant, c'est évidemment son récit de la *Bataille de Montereau,* récit qu'il a fait et refait nombre de fois et pour lequel il a dû être quelque peu aidé au point de vue de la rédaction grammaticale ; j'y reviendrai tout à l'heure. Il a laissé aussi quelques notes, prises au jour le jour, sur la *Révolution de 1848,* mais elles sont loin d'avoir la *vie,* l'entrain, la précision qu'on trouve dans le récit de la *Bataille de Montereau.* Enfin, il avait réuni quelques documents, documents de seconde et de troisième main, copiés dans des histoires générales, sur la petite ville de Bray-sur-Seine, où il était souvent appelé pour l'exercice de sa profession.

M. Tondu-Nangis a joui, pendant toute sa vie, de l'estime et de la considération que lui méritaient son intelligence et sa probité. Il mourut le 2 mai 1859 et le *Courrier du Commerce*, du 5 du même mois, lui consacra une courte nécrologie ; il donna même une pièce de vers d'Henri Monnier, un original et un type de Montereau, dont la biographie serait à faire. J'extrais de cette pièce de vers, écrite dans le style à peu près incompréhensible d'Henri Monnier, les deux strophes suivantes :

. . . .

Nangis vous aviez pris la science en tout lieu ;
Honneur à tout jamais à qui se fait soi-même,
Il a tout le mérite et ne doit rien qu'à Dieu,
C'est du pouvoir Divin résoudre le problème.

. . . .

D'un injuste dédain justement irrité,
Par tension d'esprit mes yeux suivaient ton urne ;
Au calme des regrets, cette fois invité,
Hélas, ô bon Nangis, je manquais de Cothurne.

Le dernier hémistiche veut dire, en simple prose, qu'Henri Monnier qui mangeait et buvait sa petite rente le jour même qu'il la touchait, ne put assister à l'enterrement de M. Tondu-Nangis, faute de chaussures...

Mais je reviens à notre auteur.

La bataille de Montereau avait frappé M. Tondu-Nangis père. Très chauvin, comme on dit aujourd'hui, il avait vu, en janvier et février 1814, les troupes françaises et ennemies se succéder dans notre ville et, il avait même été *réquisitionné* par le général en chef ennemi, pour diriger les travaux de défense. Le jour de la bataille, son patriotisme et sa curiosité s'éveillèrent; il nota, heure par heure, les péripéties du combat ; avec une intuition singulière, et servi par sa parfaite connaissance des lieux, il suivit les mouvements successifs de chacun des corps belligérants. Lisez-le attentivement ; il a entendu les feux de peloton ; il a compté les coups de canon ; il a vu la pièce de gros calibre — celle que l'Empereur aurait pointée d'après la légende — tirant, de l'un des cavaliers des murs de Surville, six coups sur les ennemis fuyant dans la plaine de Saint-Maurice; il a aperçu Napoléon, sa lorgnette à la main, debout sur un autre cavalier.

Et de tout cela est sorti un travail que je n'hésite pas à qualifier de remarquable, tant il est vivant, clair, lumineux, simple et précis. Ce récit à la main, le lecteur peut suivre sur le terrain ou sur la carte, toutes les phases de cette lutte acharnée de huit heures. On sent les efforts des assaillants ; on admire le courage des ennemis, car ils se défendirent vaillamment ; en un mot, on assiste à la bataille.

Une petite partie du manuscrit de M. Tondu-Nangis père, a été communiquée par moi à M. Georges Bertin, qui l'a insérée dans son livre *La Campagne de 1814*, mais le récit de la bataille a été tellement écourté, qu'il ne tient que deux pages dans le livre de M. Bertin, tandis qu'il forme plus de la moitié de notre manuscrit.

Je donne le travail de M. Tondu-Nangis père *in extenso* et tel quel, en le coupant par chapitres pour le rendre plus clair. Je ne me suis permis que de corriger les fautes grammaticales et de redresser quelques phrases boîteuses. Mais je n'ai fait ces corrections qu'avec la plus grande discrétion, afin de laisser toute sa saveur au récit de notre auteur. Il avait ajouté quelques notes, que j'ai scrupuleusement respectées, en les faisant suivre de cette mention : *(Note de l'auteur)*; j'ai, de mon côté, annoté certains passages, mais mes notes sont signées : *(P. Q.)*.

PAUL QUESVERS.

LA BATAILLE DE MONTEREAU

(18 Février 1814)

I

AVANT LA BATAILLE

La situation de la France en 1814.

Les grands désastres de la campagne de Russie et la retraite de nos armées en deçà du Rhin avaient rendu vulnérables toutes les frontières de la France (1). Imitant la tactique que, pendant vingt ans, nous avions pratiquée à leurs dépens, les armées alliées pénétraient dans l'Empire français par un grand nombre de points, sans former le siège d'aucune de nos places fortes, mais en laissant, pour les observer, des corps détachés qui formaient comme une sorte de blocus. Tel était le plan de campagne de la coalition : Paris était son but.

Après leur entrée sur le sol français, l'invasion de

(1) « Blücher avait, le 1er janvier 1814, franchi le Rhin » sur trois points, à Manheim, à Mayence et à Coblentz, » sans trouver plus de résistance que la grande armée du » prince de Schwarzenberg le long du Jura, et le prestige » de l'inviolabilité de notre territoire était ainsi tombé sur » tous les points à la fois ». (Thiers, t. XVII, liv. 51e). — *(P. Q.)*

ces nombreuses phalanges, gagnait successivement du terrain. Battues presque partout où elles étaient rencontrées, victimes de l'espèce de rage que faisait naître le désespoir de nos soldats, il ne fallait pas moins que le débordement toujours grossissant de ses masses, pour couvrir ses pertes journalières. Le courage de nos guerriers grandissait avec le danger et se multipliait pour refouler le torrent qui devait finir par déborder. Nos braves étaient épuisés par des combats de toutes les heures et par des marches multipliées que nécessitait l'obligation de faire face de tous côtés. Il n'est pas improbable qu'ils n'en eussent enfin triomphé, si la défection et la trahison ne fussent devenues les auxiliaires de l'étranger et ne leur eussent livré Paris (1).

Dès les premiers jours de 1814, à peine les alliés avaient-ils franchi le Rhin, que des rapports effrayants arrivaient ici de tous côtés et précédaient l'invasion. Si la politique de l'État obligeait les journaux à cacher la rapidité de nos marches rétrogrades, ce que les nouvelles particulières en apprenaient, frappait les cœurs d'épouvante en outrant presque toujours la vérité, ou avait pour effet contraire d'exalter le courage d'une grande partie de la population virile. Cette dernière disposition, secondée convenablement, pouvait tirer la France du danger, mais elle n'eut d'autre résultat que d'influencer peut-être un peu les traités qui nous imposèrent des conditions si dures. D'ailleurs,

(1) La France, il faut le reconnaître, était fatiguée et désirait la paix. « Napoléon, dit Thiers, arrivé à Paris, y » avait trouvé le public dans un état de profonde tristesse, » presque de désespoir, et en particulier d'extrême irri- » tation contre lui..... On ne lui pardonnait pas d'avoir » négligé l'occasion si heureuse des victoires de Lutzen et » de Bautzen pour conclure la paix ». — *(P. Q.)*.

tout tendait à une désorganisation complète. Nul ensemble, nulles précautions. On commençait partout des travaux de défense et on les laissait incomplets ; on en était à regretter amèrement que tous les gouvernements qui s'étaient succédé jusqu'à cet instant fatal, eussent systématiquement désorganisé la garde nationale, le plus puissant moyen de résistance qui puisse être opposé à une invasion étrangère.

On ne pouvait s'attendre aux événements qui nous menaçaient ; vingt-cinq ans de succès étonnants et nos marches triomphales à travers l'Europe semblaient devoir nous en préserver pour toujours. Aussi, de longue main, n'avait-on pris aucune précaution pour s'en garantir. Le personnel du génie militaire, disséminé ou enfermé dans les places fortes, ne pouvait suffire sur tous les points où l'attaque appelait la défense. On essaya d'y suppléer par des ingénieurs des ponts et chaussées, des mines, par des conducteurs et même par des architectes, des maîtres maçons, charpentiers, etc. On faisait beaucoup, vite et mal ; tout demeurait incomplet.

Depuis l'année 1436 où Charles VII reprit Paris aux Anglais, c'est-à-dire depuis 378 ans, cette capitale de la civilisation n'avait été au pouvoir d'aucun conquérant étranger. Généralement, on pensait que la coalition ne s'aventurerait pas dans l'intérieur de la France, avant d'avoir au moins réduit quelques-unes de nos villes frontières. Depuis Louis XIII, les villes fortifiées de l'intérieur ont été démantelées ou laissées sans entretien. La France n'a plus un seul point fortifié pour défendre les abords de Paris. Autrefois, la ville de Montereau était comptée dans l'intérieur, parmi les places de défense de premier ordre, parce que sa position sur deux grands cours d'eau, importe singulièrement à l'approvisionnement de Paris et qu'entre des mains ennemies, elle devient un très grand obstacle à cet approvisionnement (1).

Passages de troupes françaises.

Avec les premiers jours de l'année 1814, des gardes nationales de l'Ouest arrivèrent à Montereau. Des bataillons des départements d'Indre-et-Loire, de la Sarthe et de la Vendée vinrent en former la garnison provisoire (2). Généralement composés d'hommes forts et robustes, comptant dans leurs rangs quelques vieux soldats, ces [bataillons] improvisés eussent pu rendre de grands services s'ils eussent été mieux exercés; mais les trois quarts de ces hommes étaient des laboureurs, pères de famille, qui avaient laissé au pays, femmes, enfants, parents et propriétés. Le sentiment de ce qu'ils avaient quitté leur fut fatal; ce qu'on appelle le mal du pays les gagna. Il en mourut par centaines; la plupart succombèrent à un cours de

(1) Le bruit a longtemps couru dans la contrée que, pendant que l'Empereur était à Surville, il avait été frappé de l'avantage de la position de Montereau, et qu'il avait résolu d'en faire de nouveau une place fortifiée. *(Note de l'auteur).*

— Les mêmes bruits ont couru après la guerre de 1870, mais il s'agissait cette fois, non pas de « faire de » Montereau une place fortifiée », mais de construire un fort sur la butte de Surville. Le démantèlement des places de l'intérieur, signalé par notre auteur, s'explique facilement par ce fait que le système de fortification du moyen âge n'était plus en harmonie avec les progrès de l'artillerie : le Montereau fortifié de Charles VII n'eut pas résisté deux heures à quelques volées de canon. — *(P. Q.).*

(2) Le décret impérial qui ordonna la mobilisation de 121 bataillons de gardes nationales est daté du 6 janvier 1814. Cette levée, si rapidement faite, devait couvrir Paris, Lyon, et former des réserves. *(Note de l'auteur).*

ventre qu'on ne pouvait arrêter. On improvisa des hôpitaux dans la ville, mais, à très peu d'exceptions près, tous ceux qui y entraient n'en sortaient plus vivants (1). Ceux qui résistèrent à la contagion étaient

(1) On établit une succursale de l'hospice civil dans la maison appartenant à M. Champagne, située rue de la Poterie. C'est au milieu du jardin de cette maison qu'un vaste trou reçut les nombreux gardes nationaux morts dans cet hôpital improvisé. La paille infecte et les haillons laissés après le départ des troupes furent brûlés sur ce trou. Les morts de l'hospice furent enterrés dans l'angle sud-est du jardin de cette maison, tenu à bail par un sieur Souchon, jardinier. *(Note de l'auteur).*

— L'hospice civil se trouvait alors dans la Grand'Rue et comprenait l'emplacement aujourd'hui occupé par les maisons qui vont du n° 86 à la rue de la Charité; le jardin loué à Souchon et dont il ne reste plus que la maison appartenant aujourd'hui à M. Vincent, marchand de bestiaux, bordait l'emplacement actuel de la rue Victor Hugo, et l'angle sud-est de ce jardin se trouvait sur l'emplacement actuel de la porte cochère et de la petite maison qui porte le n° 2 de la rue de la Charité. Quant à la maison de M. Champagne, elle existe toujours ainsi que le jardin qui en dépendait : c'est aujourd'hui l'école communale de garçons de la rue de la Poterie. Chose singulière ! le nom d'aucun de ces pauvres diables morts si loin de leur pays aimé, ne figure sur le registre des décès de cette époque où j'ai seulement relevé les noms suivants : Jean-Baptiste Assart, du 62e régiment de ligne, mort à l'hospice le 27 janvier ; X..., mort le lendemain à la caserne des prisonniers de guerre; Joseph Simus, garde national, natif du département de la Meurthe, mort le 1er février à l'hospice où il était entré la veille ; François Boizard, du 153e régiment de ligne, mort de fièvres le 3 février à l'hospice où il était entré l'avant-veille ; Louis Monet, du 90e régiment de ligne, mort le 7 février à l'hospice où il était entré le 2 février ; Pierre-Jean Labourdette, du 36e régiment de ligne, mort de blessures le 11 février, à l'hospice où il était entré l'avant-veille ; et Louis Dreux, garde national d'Indre-et-Loire, entré le 14 février à l'hospice et mort le même jour. — *(P. Q.).*

rarement exercés au maniement des armes. Une fois ou deux, dans la prairie de Saint-Maurice, ils furent menés à l'école de peloton ; le plus grand nombre de leurs officiers n'étaient pas plus instruits.

Pendant tout le mois de janvier, la ville fut traversée par les marches et contremarches des troupes qui se portaient sur différents points. Plusieurs vieux régiments venant d'Espagne y passèrent allant joindre la grande armée que commandait l'Empereur (1).

Chaque jour le danger approchait ; une espèce de terreur précédait la marche des alliés. Ce que la renommée répandait sur les mœurs sauvages des Cosaques, sur leurs meurtres et leurs pillages, glaçait d'épouvante les femmes et les vieillards (2).

(1) Je n'ai relevé dans les Archives de la ville que les passages de troupes ci-après : le 23 janvier 1814, des dé-détachements des 3e, 8e et 25e régiments de chasseurs à cheval, et le lendemain 24, un détachement du 5e régiment de dragons, un détachement d'un régiment provisoire de cavalerie et 20 chevaux accompagnant le général Pajol et son escorte (*Archives municipales*, H. 2, 1). Mais, à en juger par les sommes dûes à la ville pour fournitures faites à l'armée française, il est certain qu'il y eut des passages beaucoup plus nombreux et qu'il est aujourd'hui à peu près impossible de contrôler, les Archives de la ville étant restées jusque dans ces derniers temps, dans le plus mauvais état. — (*P. Q.*).

(2) Et cependant j'ai dans ma collection une proclamation en français et en allemand du prince Schwarzenberg, en date du quartier général de Lörrach, du 21 décembre 1813, dans laquelle je relève le passage suivant : « Magistrats, propriétaires, cultivateurs, restez dans vos » foyers. Le maintien de l'ordre public, le respect pour les » propriétés particulières, la discipline la plus sévère » marqueront le passage et le séjour des armées alliées ». Malheureusement, comme le fait observer Thiers (t. XVII, livre LII, p. 225) : « Après les résolutions modérées qu'ils » avaient affichées en entrant en France, les coalisés

D'autre part, la vue de nos vieilles troupes qui venaient d'Espagne, rétablissait un peu l'espoir d'une issue favorable à la cause française; on vivait ainsi flottant entre la crainte et l'espérance...

Préparatifs de défense.

Le mois de janvier se passa presque en entier sans apporter de changement à la situation de la ville de Montereau. Il fut humide et malsain, ce qui contribua beaucoup à compromettre la santé des gardes nationaux; aucun travail de défense ne fut entrepris. Cependant, vers les derniers jours de ce mois, arrivaient trois ingénieurs des ponts et chaussées et deux élèves de ce corps (1).

Ils vinrent enfin, mais tardivement, pour faire entreprendre des travaux qui auraient dû être achevés depuis longtemps. Des ouvriers de divers états, requis

» étaient revenus aux mœurs de la guerre, que la barbarie
» chez les Russes, une haine aveugle chez les Prussiens,
» rendaient encore plus cruelles que de coutume. Ils pil-
» laient et ravageaient par goût quand ce n'était pas par
» besoin ». — *(P. Q.)*.

(1) Les ingénieurs des ponts et chaussées qui étaient chargés de la direction des travaux de défense à Montereau en 1814, étaient MM. Perrier, ingénieur, venant de Laon; Grétry, ingénieur, venant de Melun; de Benou et de Bédegis, élèves, venant tous deux d'Orléans. Ils étaient installés chez M. Grivois, à l'hôtel de l'Ange, en bas du pont d'Yonne Le service de jour et de nuit était si accablant que, pour se transporter partout, M. de Benou, avant l'arrivée de M. de Bédegis qui ne vint qu'en dernier lieu, avait loué un petit cheval au père Lefranc, de Saint-Nicolas. *(Note détachée de l'auteur)*.

— L'hôtel de l'Ange, disparu depuis une quarantaine d'années, se trouvait sur l'emplacement qu'occupent aujourd'hui une partie du bureau et la grande porte de la tannerie. — *(P. Q.)*.

dans les villes et villages avoisinants, se joignirent à ceux de Montereau ; on abattit des arbres sur les grandes routes (1); on construisit des palissades à toutes les entrées de la ville ; on terrassa quelques points, et enfin, on crénela les maisons et les clôtures qui donnaient sur les dehors de la ville. Du côté des faubourgs Saint-Maurice et Saint-Nicolas, on ne fit rien. Les divers travaux s'exécutaient tant bien que mal, au milieu des embarras, de la précipitation et de l'encombrement. Enfin, ils s'achevèrent, mais l'évènement démontra leur inutilité : heureusement, ils ne servirent pas. Montereau, par le côté où il était menacé, ne pouvait tenir deux heures contre des forces suffisantes, sans être complètement brûlé, si le plateau qui le domine au nord, n'était pas fortifié ou au moins garni d'artillerie : et il ne l'était pas.

Déjà, tout le nord du département de Seine-et-Marne était envahi, l'est entamé et le sud fortement menacé. Les alliés manœuvraient évidemment pour gagner Paris. Cette manœuvre, pour n'être pas directe, pour être opérée en quelque sorte en louvoyant, ne les menait pas moins au but qu'ils se proposaient d'atteindre. Grossis chaque jour par de nouveaux renforts, ils ne désespéraient plus de parvenir à la capitale de la France. C'était même un motif d'émulation parmi les chefs des différents corps alliés pour y arriver les premiers.

Le général Allix, avec une faible garnison, était parvenu à ralentir la marche de la division Bianchi, composée d'Autrichiens et de Wurtembergeois, en la contenant devant les murs de la ville de Sens pendant quelques jours. Vendue par un habitant de cette ville,

(1) Les mêmes procédés, absolument insuffisants et inutiles, hélas ! furent employés en 1870. — *(P. Q.)*.

indigne du nom de Français, cette garnison dut céder devant l'imminence du danger auquel sa résistance exposait cette ville, et aussi devant des forces immenses, comparées à sa faiblesse numérique (1).

Les sept ou huit cents gardes nationaux de la garnison de Montereau recevaient tous les jours quelques renforts, soit en détachements isolés des troupes repoussées par l'ennemi, soit en corps spécialement dirigés sur ce point. Dans les premiers jours de février, cette garnison était d'environ deux mille hommes dont la plus grande partie étaient des gardes nationaux ou des conscrits qui, ne pouvant plus rejoindre leurs dépôts, restaient en subsistance dans d'autres corps que ceux pour lesquels ils étaient destinés. Vêtus d'une capote et d'une culotte de gros drap bleu, coiffés d'un schako ou d'un bonnet de police (2), ils étaient munis d'une giberne et armés d'un fusil neuf. La cruelle nécessité d'improviser ainsi des soldats forçait de laisser de côté la condition la plus essentielle, celle de l'instruction et de l'expérience du métier. Ce fut cependant avec des armées composées aux deux tiers de pareils soldats, que Napoléon frappa ces derniers coups si terribles qui eurent pour résultat principal, d'ébranler la confiance qu'avaient les souverains alliés

(1) Un traître ayant indiqué la porte du collége donnant hors des murs, ce fut par cette porte que l'ennemi entra en force et s'établit dans la ville qu'il prétendait avoir emportée d'assaut. Pour quoi il revendiquait le pillage à discrétion comme droit de la guerre. Ce désastre n'eut cependant pas lieu, à la prière d'une dame de la ville, d'un nom recommandable, et par la clémence du chef étranger auprès duquel cette dame intercédait. (*Note de l'auteur*).

(2) Ces bonnets de police étaient dit à *la Marie-Louise*. Ils étaient carrés de forme et pourvus de jugulaires qui permettaient de les nouer sous le menton. (*Note de l'auteur*).

dans les nuées d'hommes armés qu'ils poussaient sur Paris, et de les faire délibérer sur la question de savoir s'ils ne retourneraient pas derrière le Rhin.

A tous ces corps incomplets et d'une organisation imparfaite, vint enfin se joindre un beau régiment d'infanterie, fort de quatre bataillons au complet. Ce régiment venait d'Espagne ; les capotes grises des soldats étaient entièrement roussies par le feu des bivouacs. Ce régiment arriva à Montereau le 8 février, vers huit heures du soir ; trois bataillons passèrent les ponts et allèrent prendre position à Saint-Jean (1); un fut logé en ville avec l'état-major.

Dans la nuit du 8 au 9, deux compagnies d'artillerie à pied arrivèrent et furent suivies d'un détachement d'artillerie à cheval, escortant cinq pièces de canon de douze, un obusier et un train d'équipage. Le 10, arrivèrent des officiers d'état-major et environ deux cents cavaliers de toutes armes.

Continuation des travaux de défense. — Départ des troupes françaises.

Ce fut le 9 février que l'on commença les travaux pour miner les ponts, et le 10, à trois heures du soir, on y plaça les boyaux chargés de poudre (2). Ce même

(1) Climat situé au bas de la ferme de Saint-Martin, et en partie sur l'emplacement du cimetière actuel : c'est ce qui fait qu'à Montereau, on dit, proverbialement, d'une personne qui va mourir ou qui est morte, qu'elle s'en va à Saint-Jean. Il y a quelques années, il y avait en cet endroit une vieille église sous le vocable de St-Jean : c'est elle qui avait donné son nom à ce climat. — *(P. Q.)*.

(2) Ils étaient en toile goudronnée et [affectaient] la forme d'une croix dont la partie la plus petite serait placée au milieu de la plus longue. Ils avaient environ $0^{m}30$ de diamètre, 5 mètres de longueur et $1^{m}50$ de branches de chaque côté. *(Note de l'auteur)*.

jour, on commença à creuser des lignes de retranchements au long de la promenade des Noues, dans les jardins à l'extérieur ; on planta les palissades qui devaient fermer les entrées de la ville ; on fortifia d'abatis d'arbres, partout où ils étaient restés sur pied ; on commença une redoute formant polygone à trois fronts, sur le rond-point de la levée nouvellement construite (1). Tous ces travaux étaient exécutés par les gardes nationaux qui s'y succédaient par détachements.

Le 11 février, deux compagnies du bataillon dit de Brest, arrivèrent par la route de Fontainebleau ; elles bivouaquèrent dans les lignes de retranchements.

Le 12, les travaux du polygone du rond-point de la levée furent repris ; dès l'abord, ils avaient été faiblement poussés. On commença à miner l'arche dite de la *Tournegueule* qui faisait partie de l'ancienne chaussée des Arches (2). Les travaux des lignes aux avancées continuèrent ; on éleva une batterie pour deux pièces

(1) Cette *levée* destinée à remplacer l'ancienne chaussée des Arches, fut commencée en 1812 ; en 1814, elle n'était pas encore achevée, le terrassement seul était à peu près complet. (*Note de l'auteur*).

— Le rond-point de cette levée qui est aujourd'hui l'avenue Lebeuf de Montgermont, se trouvait exactement sur le même emplacement que la place Gambetta actuelle. La tradition rapporte que cette levée nouvelle avait été ordonnée par l'Empereur lui-même dont la chaise de poste avait, quelques années auparavant, versé sur la chaussée des Arches, alors en fort mauvais état. — *(P. Q.)*.

(2) La chaussée qui traversait les Noues était composée d'une levée de terre et de 22 arches, dont la plus grande, placée en face du grand carré dans lequel est planté le pylône des pompiers, s'appelait la *Tournegueule* ; c'est sur cette antique chaussée que passait l'une des voies romaines de Montereau à Sens. — *(P. Q.)*.

de canon à l'angle sud-ouest de la manufacture de faïence dont le mur servait d'épaulement.

Le 13, dès le grand matin, les travaux prirent, en général, une grande activité. Le danger approchait. Sens venait d'être pris; sa faible garnison était en retraite sur Montereau où elle entra à huit heures du soir : on fut obligé d'élargir le passage réservé dans la redoute, pour faire passer les deux canons et les équipages qu'elle ramenait avec elle. Une heure et demie auparavant, étaient arrivés les détenus des prisons d'Auxerre, sous l'escorte d'un détachement de gendarmerie et d'une compagnie de vétérans. La redoute était loin d'être encore terminée que déjà quatre pièces de canon et un obusier étaient amenés pour y être mis en batterie; depuis la tombée de la nuit, on travaillait aux flambeaux.

Quelques instants avant la chute du jour, on avait mis le feu à la mine dont l'explosion fit sauter en entier l'arche de la *Tournequeule,* minée la veille. La nuit était calme et constellée; elle fit apercevoir les feux des bivouacs ennemis qui s'allumaient successivement sur les hauteurs de Chaumont, de Villeblevin et de La Brosse-Montceaux (1).

Les travaux étaient activés par tous les moyens possibles ; on travaillait aux flambeaux de tous côtés, et la redoute que les militaires appréciaient beaucoup, allait être terminée, lorsque, vers neuf heures du soir, un sergent-major vint apporter l'ordre de faire rentrer les travailleurs. Un ordre supérieur venait

(1) La commune de La Brosse-Montceaux, ainsi que le constate un état dressé par Meusnier, maire de cette commune, eut à nourrir et entretenir 700 hommes les 14, 15 et 16 février, et le 17, 2000 hommes et environ 200 chevaux. (*Archives municipales de Montereau*, H. 2, 15). — *(P. Q.)*.

d'arriver, de mettre toute la garnison en retraite sur Paris. Une demi-heure après, toutes les troupes défilaient dans le plus grand silence, mais non pas dans le plus grand ordre (1).

Un vieux garde d'artillerie resta seul en arrière, pour mettre le feu aux mines des ponts. Les habitants firent quelques démonstrations pour s'y opposer, mais un détachement était resté dans une maison du faubourg Saint-Nicolas, voisine des ponts, et en cas d'insuffisance *(sic)*, on les menaça de faire revenir les troupes, et ils furent contraints de se retirer.

Le défilé des troupes de toutes armes, de l'artillerie et des équipages, fut terminé un peu avant minuit. La queue à peine atteignait l'entrée du faubourg Saint-Nicolas que le pont d'Yonne sauta avec un bruit horrible, en projetant des pierres et des pavés sur plusieurs habitations même très éloignées et brisant les vitres jusqu'à une distance de deux cents mètres (2). Environ dix minutes après, la mine du pont de Seine fit explosion, mais la maçonnerie, beaucoup plus forte, résista en partie et conserva un passage du côté du couchant.

Il est difficile de peindre la consternation des habitants de Montereau. La rupture des ponts les par-

(1) « Le brave général Pajol, dit Thiers, t. XVII, livre » LII, page 331, n'ayant cessé d'être à cheval malgré des » blessures rouvertes, ne pouvait pas tenir à Montereau, » quand Bray et Nogent étaient abandonnées ; il avait re- » cueilli le général Allix, qui venait de défendre Sens avec » la plus grande vigueur, et s'était replié de l'Yonne sur » le canal du Loing, et du canal du Loing sur Fontai- » nebleau ». — *(P. Q.)*.

(2) La plupart des vitraux de l'église furent détruits « par la détonation de la rupture des ponts ». (*Archives de la fabrique de l'église de Montereau*, série A, cote 4e, pp. 14 vo et 17. — *(P. Q.)*.

tageait en trois groupes isolés et devait les priver de la faculté de se secourir mutuellement. L'ennemi était en vue et ne pouvait tarder d'arriver. Chacun tremblait pour soi et les siens. Le reste de la nuit se passa sans nouveaux événements ; au tumulte d'une retraite précipitée succéda un calme sinistre, précurseur de l'occupation que les habitants allaient subir, et qu'ils appréhendaient d'autant que leur position géographique ne les y avait pas accoutumés depuis longtemps.

Entrée des ennemis à Montereau.

(1) Le 14 février, dès le point du jour, les habitants circulaient dans les rues de la ville. Beaucoup d'entre eux avaient passé la nuit à reprendre différents objets, comme bois, paille, meubles et ustensiles de ménage, que les troupes avaient employés à la construction des baraques à leur usage. Le temps était superbe ; le soleil brillait ; chacun donc mettait en sûreté tout ce qui pouvait s'y mettre. Les cachettes des objets les plus précieux étaient faites depuis longtemps.

Après l'évacuation des troupes françaises, en voyant la proximité des bivouacs ennemis, on s'attendait à ce que la ville serait occupée dès le point du jour. Ce ne fut qu'à neuf heures trois quarts environ, qu'un faible détachement de hussards autrichiens, commandé par un officier, se présenta en avant de la barrière du

(1) A partir de cet endroit, le manuscrit de M. Tondu-Nangis que j'avais communiqué à M. Georges Bertin a été publié en partie par lui dans son livre *La Campagne de 1814*, pp. 124 et suivantes. Le commencement et la fin du manuscrit de notre auteur sont donc absolument inédits. — *(P. Q.)*.

Gâtinais (1). Il s'arrêta à la Demi-Lune, à l'entrée de la ville (2), et avant de s'engager dans l'intérieur, il observait les travaux de défense abandonnés, écoutant attentivement si aucun bruit ne venait lui révéler la présence des troupes françaises. Averti par ceux des habitants de la ville qui avaient aperçu ce détachement, le premier adjoint faisant fonctions de maire (3) — ce dernier ayant suivi le mouvement de retraite des troupes — fut joindre les Autrichiens à la Demi-Lune et leur présenta de l'eau-de-vie; il assura à l'officier qu'il ne restait aucune troupe française en ville, le pria de maintenir la discipline parmi les siens et promit qu'il serait mis à la disposition des troupes alliées tout ce que la ville pourrait posséder de vivres en tous genres. L'eau-de-vie étant versée, l'officier et sa suite allaient boire, lorsqu'il aperçut de l'autre côté de l'Yonne, un détachement de dragons autrichiens du régiment de La Tour, qui venait aussi à la ville par la route de Bray-sur-Seine. L'éloignement l'empêchant de distinguer si cette troupe était française ou étrangère, M. l'adjoint envoya un agent de police s'en assurer et, au bout d'un quart d'heure, il vint dire que c'étaient des alliés. L'officier détacha alors trois hussards pour

(1) Ce détachement, ainsi que celui qui arriva en même temps par la route de Bray-sur-Seine, faisait partie du corps d'armée du général Giulay resté à Pont-sur-Yonne. (Thiers, *op. et loc. citt.*). — *(P. Q.)*.

(2) Partie de la place Gambetta actuelle; c'est ce qui explique que la rue de l'Alma, percée en 1854 (c'est aujourd'hui la rue Victor Hugo), s'appela provisoirement la rue de la Lune. — *(P. Q.)*.

(3) Ce premier adjoint était Marie-Louis-Michel-Charles-Pierre Jauvet, ancien notaire; quant au maire, Louis-Auguste Moreau, ainsi qu'on le verra plus loin, il était parti avec les troupes françaises et revint avec elles le jour de la bataille. — (*P. Q.*).

aller reconnaitre les nouveaux arrivants que la rupture du petit pont, qui était en avant de l'entrée du faubourg Saint-Maurice, près la porte Coppin, empêchait d'entrer (1). Cette rupture, sur l'invitation de l'agent de police, ayant été couverte de quelques planches par les habitants du faubourg, le détachement s'avança de quelques pas dans la rue du faubourg et n'alla pas plus loin. Les hussards, venus en reconnaissance, ayant rejoint leur détachement, trois autres furent dépêchés vers le corps d'armée pour lui dire que Montereau était sans troupes françaises. Toutes ces allées et venues durèrent jusqu'à environ midi. Un nouveau détachement de cent hussards, suivi de cinq Cosaques, traversa alors la ville et prit position à la porte de Paris, par où les Français avaient évacué. D'autres détachements de cavalerie de toutes armes, peu nombreux et de différentes nations, arrivèrent aussi par les routes de Bray et de Sens (2).

Ils établirent divers postes dans la traversée de la ville, et les premiers qui mirent pied à terre, en se promenant dans la ville, débutèrent par prendre des gants de laine, sans payer, aux étalages de quelques marchands qui avaient eu la bonhomie de les exposer en vente. Les premiers officiers supérieurs qui paru-

(1) Ce petit pont de quatre arches, une grande et trois petites, était jeté sur le fossé qu'a remplacé le boulevard actuel des Fossés de Saint-Maurice. Quant à la porte Coppin, on en voit toujours les restes indestructibles, le long de la grange qui se trouve à gauche de la rue. — *P. Q.*

(2) Par la route de Sens, arrivaient le reste du corps du comte Giulay et le corps de Maurice de Lichstenstein, et par la route de Bray, la garde russe commandée par le comte Barclay de Tolly (Thiers, *op. et loc. citt.*, p. 331, et *Recueil de pièces officielles destinées à détromper les Français*, 1814, t. II, p. 38. — *(P. Q.)*.

rent, se portèrent de suite aux deux coupées des ponts et les firent consolider avec des plats-bords de marine; dès le matin, du reste, les habitants avaient rétabli les communications par des moyens semblables.

A trois heures après midi, une avant-garde d'infanterie wurtembergeoise, forte d'environ cinq cents hommes, arriva par la route de Sens et prit position à l'entrée de la ville.

A quatre heures, deux régiments de la landwehr de la même nation arrivèrent du même côté et prirent leurs logements en ville, chez les habitants, où ils furent répartis par douze et même par vingt. En somme, la force des troupes alliées pendant la première journée de l'occupation de Montereau fut d'environ 2,000 hommes (1). L'ordre de les nourrir, ainsi que la prescription de ce qu'ils pouvaient exiger fut publié. Chacun fit de son mieux ; et malgré quelques exigences diffi-

(1) Tous les villages voisins furent occupés en même temps que Montereau. Ainsi, un rapport de M. Dupetit-Thouars, maire de Barbey, du 25 février 1814, constate que sa commune fut occupée : le lundi 14 février, par 250 cavaliers wurtembergeois ; le mardi 15, par 650 chasseurs du 5e wurtembergeois ; le mercredi 16, par 900 fantassins autrichiens et beaucoup de chevaux : tout fut gaspillé et enlevé, même les hardes des femmes, et toutes les poules du village furent tuées. (*Archives municipales de Montereau*, H. 2, 12). — Cannes fut, du 14 au 17 février, occupé par 2,500 ennemis dont 500 de cavalerie, avec un train d'artillerie de 300 chevaux. (*Idem*, H. 2, 13). — Varennes, d'après une note de l'abbé Tissier, maire de la commune, eut à loger : les 14 et 15 février, 2,000 hommes de cavalerie ; les 16 et 17, 1,000 seulement ; les pertes de cette commune s'élevèrent à 57,524 francs. — Marolles, suivant une note du maire Cyr Macquin, logea les ennemis du 14 au 18 février, et les Français, du 19 au 23 février : les pertes de cette commune s'élevèrent à 79,075 francs. (*Idem*, H. 2, 17). — (*P. Q.*).

ciles à satisfaire qui occasionnèrent quelques murmures de la part des gens plus aisés, cette journée se passa avec assez de calme ainsi que la nuit qui suivit (1).

(1) J'extrais d'une lettre, écrite le 19 février, par une demoiselle de Montereau, qui signe E. B., à une dame qui se trouvait alors à Paris et que je crois être Mme Bonnevin-Carré, ce qui suit : « Nous passâmes le reste de la nuit [du 13 au 14] » en nous attendant, à chaque instant, à voir arriver les » ennemis, mais ils n'entrèrent dans la ville que le lundi » 14, à 2 ou 3 heures de l'après-midi. Je courus les voir » et fus fort étonnée de ne voir que 3 ou 400 hommes de » cavalerie. Je m'attendais à en voir plusieurs milliers ; » mais, le soir, il arriva de l'infanterie au son d'une très » belle musique ; elle s'installa dans tous les postes qui lui » furent assignés et les officiers seuls eurent des loge- » ments. On fit aussitôt une proclamation au nom de » l'empereur d'Autriche et on ordonna d'illuminer toutes » les rues ; il fut dit aussi que les particuliers qui auraient » à se plaindre des soldats iraient trouver les officiers et que » ceux qui se seraient mal comportés seraient punis rigou- » reusement, mais cela ne les effraya pas : ils ne prirent » pas moins tout ce qui leur convenait ». Mlle E. B. fait un assez triste tableau de ce qui se passa dans notre ville, pendant les quatre jours d'occupation qu'elle eut à subir. Voici en effet comment elle commence une lettre écrite à Mme Bonnevin-Carré, le lendemain de la bataille : « Enfin, » nous voilà délivrés des Autrichiens, Bavarois, Hongrois, » Cosaques, de tous ces malheureux qui nous ont tant » tourmentés et qui ont achevé de ruiner nos campagnes. » Ah ! il me semble qu'on peut respirer plus librement ; » l'on n'est plus infecté par l'odeur désagréable qu'exha- » laient ces soldats sales, presque tous galeux et mal » vêtus. Ils ont volé dans beaucoup de maisons et mal- » traité ceux qui ne leur donnaient pas ce qu'ils deman- » daient. La classe indigente est celle qui a eu davantage » à souffrir ; n'ayant pas de logement pour les officiers, » on a envoyé à tous les malheureux 15, 20, 30 et jusqu'à » 40 hommes qui les battaient et les forçaient d'abandonner » leurs maisons ». — *(P. Q.)*.

Les journées des 15 et 16 février.

Le 15 février, la journée fut belle et claire. A huit heures du matin, deux régiments d'infanterie autrichienne, qu'on dit être ceux de Zach et de Colloredo (1), forts chacun de quatre bataillons en parfaite tenue entrèrent successivement, musique en tête et drapeaux déployés (2). Ils traversèrent la ville, et leur silence semblait présager la fin de leur carrière sur le sol français. En effet, ces deux beaux régiments qui, dans la journée du 18, étaient chargés de soutenir la retraite, furent écrasés dans le faubourg Saint-Nicolas.

Vers quatre heures du soir, un corps d'avant-garde bavarois du général de Wrède traversa la ville et se porta en avant dans la direction de Salins ; il fut, peu après, suivi de toute la division que commandait le prince de Wurtemberg. Cette division passa outre, tandis que le prince et son état-major restèrent en ville avec un régiment de lanciers autrichiens (3).

(1) Le corps de Zach ne figure pas dans le *Recueil de pièces* précité ; quant au corps de Colloredo, il avait poussé une pointe sur le Loing, jusqu'à la forêt de Fontainebleau (Thiers, *op. et loc. citt.*, p. 351) ; on remarquera, du reste, que notre auteur, dans la note ci-après, indique ce qu'étaient ces deux régiments. — *(P. Q.)*.

(2) Ces deux régiments autrichiens formaient la division du général Schæfer ; dans la nomenclature des forces alliées, ils sont compris ensemble pour cinq bataillons formant un effectif de 4,000 hommes. *(Note de l'auteur)*.

(3) « Le 15, dit Mlle E. B., dans la lettre que j'ai déjà » citée, il arriva encore de l'infanterie qu'on logea dans » la ville, et ce fut alors que les habitants ne furent plus » maîtres chez eux ; beaucoup furent obligés de quitter » leurs maisons. Les habitants de Varennes vinrent se » réfugier à Montereau ; deux filles furent violées et Mlle » Moret l'a échappé belle ». — *(P. Q.)*.

Le 16 février, dès avant le jour, la plus grande partie des troupes alliées qui étaient demeurées en ville, partit dans la direction de Melun. Dans ce nombre, furent les Wurtembergeois et les Bavarois. La cavalerie de ces derniers prit une autre direction : elle se porta en avant de Montigny-Lencoup, près de Villeneuve-le-Comte (1), sur la route de Nangis. Ce départ, en vidant presque tous les logements, semblait devoir soulager un peu les habitants de Montereau, mais cet espoir fut presque aussitôt déçu. A chaque moment, il arrivait de nouveaux corps de troupes entiers, qui n'entraient dans les logements que pour manger et repartaient ensuite faisant place à d'autres (2). Dire ici combien cet état de choses était pénible à l'habitant peu aisé, ce n'est rien apprendre à celui qui a vu la guerre et les vexations qu'elle entraîne. Toutefois, pendant l'occupation, les vivres ne manquèrent pas à Montereau, ils furent même abondants ; les boulangers et les bouchers travaillaient jour et nuit et les vivres se distribuaient par la ville, au moyen de voitures et de camions. Les Français, en évacuant, en avaient laissé une quantité considérable, ce qui contribua beaucoup à rendre la position des habitants moins malheureuse.

Vers dix heures du matin, il fut publié, par ordre de Sa Majesté l'empereur d'Autriche, que tous les habitants qui possédaient des armes, eussent à les porter au quartier général, sous peine d'être fusillés, si, dans la visite qui devait être faite, il en était trouvé en leur

(1) Ce village s'appelle aujourd'hui Villeneuve-les-Bordes, canton de Nangis. — *(P. Q.)*.

(2) C'était le reste de la brigade du général autrichien Schæfer qui faisait partie du corps d'armée du prince de [Hesse-] Hombourg, et deux escadrons de hussards hongrois. *(Note de l'auteur)*.

possession. Cette proclamation n'eut d'autre effet que de faire porter au quartier général, établi dans la maison de Mme veuve Fauquez (1), près de la mairie, une trentaine de mauvais fusils de chasse, quelques vieux sabres et épées. Tout ce qui était combustible fut brûlé dans la rue, et la ferraille jetée dans un caisson (2).

Vers trois heures, une alerte soudaine se répandit parmi les troupes alliées, la générale battit de tous côtés. Les militaires en armes, sac au dos, sortirent des logements, mais, à cinq heures, ils reçurent l'ordre d'y rentrer. Cette alarme, comme on l'a su depuis, avait pour cause la nouvelle reçue au quartier général des alliés à Montereau, que Napoléon venait de quitter Meaux ce jour-là, par le chemin de Crécy et de Fontenay-en-Brie, et qu'il avait pris position avec l'armée dite de la Seine, devant Guignes où, le soir, il établit son quartier général (3). Son armée avait défilé toute la nuit à l'aide de charrettes mises à sa disposition par

(1) Cette jolie maison du XVIIIe siècle qu'on a *défigurée* en y ajoutant deux ailes, et quelles ailes ! est aujourd'hui occupée par l'hôtel de ville. — *(P. Q.)*.

(2) Cinquante-six ans après, le dimanche 23 octobre 1870, on publiait à Montereau la proclamation suivante du colonel bavarois Schrœder : « Les habitants de la ville » devront avoir rendu à la mairie, avant une heure de » relevée, toutes les armes, soit armes de chasse, soit armes » de guerre, revolvers et pistolets ; si l'on trouve, après » ce temps encore, des armes de guerre, le propriétaire » sera fusillé »... A une heure précise, les armes rapportées étaient mises en pièces (Amédée Fauche, *Journal de l'occupation prussienne*, p. 61). — *(P. Q.)*.

(3) En effet, Napoléon, qui était arrivé à Meaux dans la soirée du 15 et avait passé la nuit à l'évêché, avait quitté cette ville de bon matin se dirigeant sur Guignes, où il passa la nuit du 16 au 17 dans l'auberge Sainte-Barbe (Georges Bertin, *La Campagne de 1814*, p. 3). — *(P. Q.)*.

les fermiers de la Brie, ce qui facilitait une double marche aux soldats; de plus, le matin, au point du jour, la division des dragons du général Treilhard arrivant d'Espagne, était venue, par la route de Paris, augmenter la cavalerie de cette armée.

Ces nouvelles produisaient une rumeur qui ne cessa plus ni le jour ni la nuit; les ordonnances se succédaient dans toutes les directions et à toutes les heures. Les détachements, restés dans les villages de la rive gauche de la Seine et de l'Yonne, passèrent les ponts de Montereau et marchèrent dans la direction de Valence et du Châtelet. Deux régiments de cavalerie arrivèrent par Bray; l'un, de chevau-légers bavarois, établit son bivouac près de la Nitrière (1), dans la prairie de Saint-Maurice; l'autre, de hussards hongrois, passa le pont de Seine et vint s'installer dans les terres, près de l'ancienne église Saint-Jean.

Ce soir-là, le canon s'entendait au loin, dans la direction de Melun (2). En rentrant dans leurs logements, les soldats alliés s'entretenaient à voix basse entre eux; le mot *Napoléone! Napoléone!* plusieurs fois répété, trahissait leur inquiétude, et un air d'appréhension et de terreur se lisait visiblement sur leurs figures. La nuit fut très agitée; les troupes sillonnaient la ville dans tous les sens; de forts détachements d'infanterie venaient par Bray et se portaient dans la direction de Melun. Les marches et contremarches continuèrent jusqu'au jour; avant qu'il parût, toutes

(1) La Nitrière se trouvait à l'entrée du faubourg Saint-Maurice et s'appelait ainsi parce que, pendant la Révolution, on y avait fabriqué du salpêtre. — *(P. Q.)*.

(2) « Les maréchaux Victor et Oudinot, refoulés sur » l'Yères, en disputaient les bords aux avant-gardes du » prince de Wittgenstein et du maréchal de Wrède » (Thiers, *op. et loc. citt.*, p. 336). — *(P. Q.)*.

les hauteurs au nord de Montereau étaient couvertes des feux des bivouacs, et les cavaliers d'ordonnance partaient et arrivaient à chaque instant.

La veille de la bataille.

Le 17 février, aux premières clartés du jour, la générale battait dans toute la ville et dans les campements. Les trompettes sonnaient à cheval ; les troupes de toutes armes quittaient les logements et se portaient en avant. Plusieurs corps de la landwehr wurtembergeoise, arrivant par le chemin de Chéroy (1), traversèrent la ville et se portèrent à l'entrée des bois de Valence en avant du hameau du Dragon-Bleu (2). Plusieurs grand'gardes d'infanterie restaient seules en ville ; elles établirent leurs bivouacs sur la place du Marché, à la demi-lune du Gâtinais (3), près de la mairie, au carrefour des deux ponts et près de la manufacture des Récollets (4).

L'appréhension avait singulièrement adouci les militaires des armées alliées ; les exigences, plus que tyranniques, étaient remplacées par la satisfaction qu'ils montraient pour les choses qu'on leur donnait, lesquelles, auparavant, n'étaient jamais assez abondantes, ni d'assez bonne qualité. Le sucre, le café, l'eau-de-vie, les liqueurs étaient auparavant exigés par

(1) Ils venaient de Sens. — (*P. Q.*).

(2) Ce hameau composé de deux maisons, et qui existe toujours, doit son nom à un cabaret tenu, avant la Révolution, par Jean Royer, ancien dragon du régiment de la reine. — (*P. Q.*).

(3) Aujourd'hui place Gambetta, ainsi que je l'ai déjà dit. — (*P. Q.*).

(4) Aujourd'hui la Faïencerie. — (*P. Q.*).

eux et leur étaient donnés suivant les moyens des habitants. Le vin, presque entièrement de la belle et abondante récolte de 1811, dite de la Comète, était encore très abondant (1); indépendamment de celui qu'on leur donnait comme *vivre obligé,* plusieurs caves où l'on en avait caché, avaient été découvertes et pillées.

Les armées alliées, dont les forces combinées ont été évaluées à plus de douze cent mille hommes, marchaient en corps de nations et rayonnaient du point de départ en convergeant sur Paris, par un grand nombre de directions. Chaque corps d'armée traînait à sa suite un matériel plus ou moins complet ; ce matériel, remonté autant que possible [au fur et à mesure] des pertes éventuelles que les combats successifs lui faisaient éprouver (2), était soigneusement gardé pour aider au dénouement qui approchait. Le corps d'armée du prince Paul de Wurtemberg, qui opérait à Montereau, était un de ceux qui étaient demeurés presque intacts ; sa force numérique se composait, en y comprenant l'avant-garde, de dix-neuf bataillons d'infanterie et de dix-huit escadrons de hussards et de chasseurs : le tout présentait un effectif d'environ dix-huit mille hommes. Son artillerie comptait environ quarante bouches à feu ; son train d'équipages, de ponts et tout l'attirail étaient au complet et ses transports étaient facilités par de nombreuses voitures requises de force chez les cultivateurs. Mais, le 17 février au matin,

(1) Le vignoble de Montereau qui s'étendait sur les côtes et le plateau, de La Grand'Paroisse à Saint-Germain-Laval, était encore alors très important : en moins d'un siècle, il a presque entièrement disparu. — (*P. Q.*).

(2) Le texte de notre auteur n'est pas très clair en cet endroit et j'ai cru pouvoir me permettre de le modifier quelque peu. — (*P. Q.*).

quand il fallut construire des lignes de défense, des redoutes, et placer l'artillerie en position, il ne se trouva d'autres ingénieurs militaires que les officiers d'artillerie qui, tous, étaient autrichiens. Le soin de leurs fonctions spéciales dans les circonstances où ils se trouvaient, ne leur laissait guère la possibilité de s'en écarter ; ils tracèrent cependant, tant bien que mal, plusieurs parties de terrassement entre Surville et le hameau de Villarron (1), et surtout une redoute à l'angle nord-ouest du vieux parc de Surville (2). Les soldats travailleurs, qui creusaient ce retranchement, s'adjoignirent de force trois habitants de Montereau qu'une curiosité indiscrète avait fait diriger de ce côté. Après les avoir gardés pendant une heure environ, leur peu d'aptitude à ces sortes de travaux les rendant plus embarrassants qu'utiles, ils furent congédiés (3).

(1) Aujourd'hui les Ormeaux. — (*P. Q.*).

(2) Le vieux parc de Surville, traversé par l'avenue actuelle, formait un carré long qui s'étendait depuis le château jusqu'au milieu environ de l'avenue. — (*P. Q.*).

(3) Ces trois personnes étaient M. l'abbé Viel, curé de la ville, M. Dubuquoy, propriétaire, et M. Desbordes cadet, voiturier par eau. — L'absence d'ingénieurs, pour leurs moyens de défense, leur fit prendre des informations pour savoir s'il y avait en ville des architectes ou autres personnes qui pussent en faire les fonctions. Une indiscrétion malveillante leur désigna un conducteur de travaux, qui est l'auteur de cette notice, comme ayant conduit les travaux des Français. Le général le manda à son quartier général établi dans la maison des héritiers Fauquez, mais voyant, au bout d'un certain temps, qu'il n'arrivait pas, l'envoya prendre par un caporal et quatre hommes : force lui fut d'y aller. Le général n'eut que le temps de lui adresser deux mots et de lui faire impérativement le signe de s'asseoir, tant les ordonnances qui arrivaient à toute minute, étaient nombreuses et fréquentes. Au bout de quelques instants, l'appartement était

La crainte d'être attaqué par l'empereur Napoléon en personne devenait, à chaque instant, plus certaine parmi les alliés. L'effroi, que son nom seul répandait, se peignait sur toutes les physionomies. Le morne silence des soldats n'était interrompu que par le nom terrifiant qu'ils se [répétaient] les uns aux autres, à voix basse : *Napoléone! Napoléone!*. . . et cette terreur avait succédé à des chants de triomphe, dans lesquels le nom de Napoléon était aussi prononcé, mais d'une manière dérisoire.

Dès le matin, un peu avant le jour, le canon grondait sourdement dans la direction du nord. En avançant dans le cours de la journée, le bruit se rapprochait et les décharges se succédaient sans interruption. On se battait entre Guignes et Nangis. Le soir, le bruit de la canonnade se faisait entendre au nord-est et se rapprochait sensiblement, mais il était moins intense que le matin. C'était le général Gérard qui poussait les Bavarois du général Lamotte et la cavalerie du général Hardeck, l'épée dans les reins, au-delà de Villeneuve-le-Comte, avant qu'à la faveur de la nuit, ils pussent se reployer sur Donnemarie et Provins.

Le duc de Bellune à Salins. — Escarmouche à Courbeton.

Cette journée du 17 fut remarquable par les circonstances que nous venons de rapporter, et encore par les marches de tous les corps alliés qui se portaient en avant de Montereau pour y prendre position. Des

plein, et le mandé ayant cédé successivement son siège, qui était d'abord près de la table du général, aux nouveaux arrivants, il parvint ainsi jusqu'à la porte et s'esquiva sans être remarqué : on ne pensa plus à lui. (*Note de l'auteur*).

détachements, coupés de leurs corps d'armée, dans la journée, à Guignes, à Nangis, à Valjouan et à Villeneuve-le-Comte, parvinrent, dans la nuit, à se rallier aux Wurtembergeois qui occupaient le poste de la ferme du Luat, sur le territoire de Forges, en avant de Montereau (1). C'est aussi à cette circonstance qu'on doit d'avoir vu quelques soldats réguliers russes et prussiens, les armées auxquelles ils appartenaient n'ayant jamais opéré dans cette direction.

Pendant que l'armée wurtembergeoise se portait en avant de Montereau, ainsi qu'une division bavaroise et une partie de la division autrichienne détachée du corps de Bianchi, qui avait marché sur Fontainebleau et qui, repoussé par une avant-garde française, se mettait en retraite sur Sens et Chéroy, le corps d'armée du duc de Bellune pénétrait à Montigny-Lencoup et à Salins, communes situées au nord-est de Montereau. Le soir et dans la nuit, arrivèrent aussi les corps alliés qui étaient en retraite de Melun et avaient occupé Le Châtelet. Un régiment de lanciers rétrograda jusqu'au Petit-Fossard où il coucha. Les autres troupes, infanterie et cavalerie, bivouaquèrent dans la forêt de Valence, à la demi-lune, en haut de la côte de Villarron (2), sur la route royale et en avant au nord des bois, dans la direction de Boulains.

Vers quatre heures du soir, tandis que le corps du duc de Bellune prenait position entre Montigny-Lencoup et Salins, les tirailleurs s'avançaient dans la di-

(1) La ferme du Luat, aujourd'hui détruite, se trouvait en face de Merlanges, sur le côté gauche du chemin de la Pioche (aujourd'hui chemin de grande communication n° 133), allant de Courbeton à la route royale (aujourd'hui route départementale n° 10). — (*P. Q.*).

(2) Cette demi-lune, qui est indiquée sur le cadastre de 1809, se trouvait à côté du chemin des Rosiers. — (*P. Q.*)

rection de Montereau, jusqu'au château de Courbeton, situé sur la rive droite de la Seine, à deux kilomètres de Montereau. Ce château était occupé militairement par les états-majors de deux régiments de cavalerie alliée, lanciers et hussards. Les officiers allaient se mettre à table pour dîner, lorsque les vedettes se reployant, poursuivies par les tirailleurs français, vinrent jeter l'alarme parmi eux. Ils furent forcés d'abandonner momentanément le château et le dîner, pour aller à la maison de Tournebride (1), à cinq cents mètres de là, où leurs régiments, avertis par les coups de feu, prenaient les armes et montaient à cheval. Ce mouvement, pourtant, ne fut pas assez prompt pour empêcher les Français d'entamer un peu le dîner déjà servi; mais l'arrivée de forces supérieures les obligèrent de se reployer sur les hauteurs de Tréchy, où leur corps prenait position, après avoir échangé quelques coups de fusil contre de nombreuses décharges de carabines. Aucun des Français ne fut atteint et ils eurent l'adresse de démonter quelques cavaliers ennemis. Les états-majors, débusqués du château de Courbeton, n'y revinrent plus ; mais ils envoyèrent chercher ce que les Français avaient laissé de leur dîner, qui leur fut apporté à Tournebride; ils y couchèrent, au bivouac, près de leurs régiments, sur des paillasses et des matelas qui leur furent aussi apportés du château de Courbeton.

Les Français du corps de Bellune établirent leurs bivouacs en avant de Montigny-Lencoup, occupant Salins et les hauteurs avoisinantes, et leurs avant-postes s'installèrent sur le plateau de Tréchy et au Grand-Buisson, commune de Laval-Saint-Germain, à un kilomètre environ des avant-postes ennemis.

L'empereur Napoléon qui, ce soir-là, couchait au

(1) Ce cabaret existe toujours. — (*P. Q.*).

château de Nangis, avait ordonné au maréchal duc de Bellune de faire la plus grande diligence et de s'emparer des ponts de Montereau le jour même. L'ordonnance de cette marche stratégique était la conséquence du dessein qu'il avait d'enfermer les alliés entre les rivières de Seine et d'Yonne. Le projet était grandiose et digne de son auteur, mais, en le concevant, il n'avait pas compté sur les obstacles qu'il devait rencontrer. L'ordre donné au duc de Bellune n'aurait d'ailleurs être pu exécuté qu'autant que les corps ennemis auraient voulu céder la position de Montereau sans combattre, ce qui n'est pas probable, puisque leurs forces, sur ce point, étaient plus que quintuples de celles que le maréchal aurait pu faire agir contre eux (1). Néan-

(1) Cette appréciation, par un témoin oculaire, de la conduite du duc de Bellune est remarquable, car elle est en opposition complète avec celle de l'Empereur qui avait donné au maréchal Victor l'ordre formel de ne s'arrêter qu'à Montereau et qui lui reprocha durement cette désobéissance, non seulement dans le *Bulletin de la Grande Armée*, mais encore, en termes très violents, à Surville, après la bataille. « Le duc de Bellune, rapporte le *Bulletin*, devait » arriver [à Montereau] le 17 au soir. Il a couché à Sa- » lins; *c'est une faute grave*. L'occupation des ponts de » Montereau aurait fait gagner à l'Empereur un jour, et » permis de prendre l'armée autrichienne en flagrant » délit » (*Journal de l'Empire* du 22 février 1814).

Le baron Fain et Thiers paraissent critiquer, eux aussi, le retard mis par Victor à marcher sur Montereau. « Le duc » de Bellune, dit le baron Fain (*Manuscrit de 1814*, pp. » 108 et ss.), s'était présenté le matin [du 18] devant » Montereau; *mais il était trop tard, les Wurtembergeois » s'y étaient établis* pendant la nuit »; mais, comme on l'a vu plus haut, les Wurtembergeois étaient établis à Montereau depuis plusieurs jours et y étaient en force. Thiers, de son côté, raconte (*op. et loc. citt.*, pp. 340 et 341) ce qui suit : « On marcha ensuite sur Salins, où le maréchal » Victor s'arrêta pour coucher, bien qu'il eût l'ordre de

moins, faute d'informations précises, Napoléon croyait Montereau au pouvoir des Français, et c'est, dans cette conviction, qu'un officier supérieur, chargé par lui de porter de nouveaux ordres au maréchal, se fourvoya dans les bivouacs ennemis, près le hameau de Gardeloup, commune de Saint-Germain-Laval. Cet officier, monté dans une berline conduite par des chevaux du train des équipages, arriva à dix heures du soir, par des chemins de traverse, jusqu'au milieu d'un poste avancé. Le *« werdaw »* allemand l'avertit de sa méprise ; sans perdre un instant, il saute en bas de la voiture, et tandis que les Wurtembergeois saisissent les chevaux à la bride et s'emparent des conducteurs, l'officier, à la faveur de la nuit, parvient à se sauver avec ses dépêches. Dans la crainte d'être rencontré et reconnu, il avait jeté ses épaulettes à graine d'épinards ; elles furent trouvées le lendemain par un cultivateur de Gardeloup, nommé Marteau, qui les lui remit le 19 février, à son logement, à l'hôtel du *Cheval Blanc*, à Montereau (1).

» courir à Montereau. Il aurait voulu que le général Gé-
» rard s'y rendît ; mais celui-ci, avec ses troupes haras-
» sées par une longue marche et par deux combats, ne
» le pouvait guère, et *c'était au maréchal Victor dont les*
» *deux divisions n'avaient pas combattu, à former pendant*
» *la nuit, la tête de la colonne*. Le maréchal n'en fit rien :
» il était fatigué, malade, mécontent de Napoléon... Il
» coucha donc à Salins, à une lieue du pont de Montereau,
» où nous attendaient les plus grands résultats *si notre*
» *activité répondait à l'urgence des circonstances* ». — (*P. Q.*)

(1) L'hôtel du *Cheval Blanc* se trouvait alors dans les bâtiments qu'occupe aujourd'hui la gendarmerie.

Au bas de son manuscrit, notre auteur a, en cet endroit, ajouté la note suivante : « *Le Journal de l'Empire* du mardi 22 février 1814, en rapportant le *Bulletin de la* » *Grande Armée* dit que le sieur Lecouteulx ayant été » envoyé le matin [du 18] en reconnaissance, eut son

II

LA BATAILLE

L'aile droite de l'ennemi.

[Dans la nuit du 17 au] 18 février, toutes les troupes alliées qui occupaient Montereau, avaient bivouaqué dans la ville et, en avant, sur les hauteurs. La veille, et surtout pendant la nuit, les ordres du général en chef, prince de Schwarzenberg, avaient été transmis par de nombreuses ordonnances; [le général en chef] informait le prince royal, Paul de Wurtemberg, de la marche de l'empereur Napoléon et lui [enjoignait] de défendre les ponts de Montereau jusqu'à la dernière extrémité.

Avant le jour, toutes les troupes étaient en mouvement et prenaient leurs rangs de bataille dans les dispositions suivantes qui furent plus ou moins modifiées dans le cours de l'action, suivant les éventualités de l'attaque ou de la défense. Les postes en avant de l'aile droite s'échelonnaient du village de Forges, au nord, et du hameau de Gardeloup, au nord-est, par le vallon du Four à chaux (1), et l'avenue du château de

» cheval tué et fut pris. Il n'est pas probable que ce » *Bulletin* veuille parler de l'officier qui se fourvoya dans » les avant-postes ennemis; toutefois, l'ennemi n'amena » en ville, le matin [du 18], que onze soldats français » prisonniers de guerre, et pas un seul officier ». — (*P. Q.*).

(1) Le Four à chaux, aujourd'hui détruit, se trouvait au midi de Forges, à droite de l'avenue qui conduit au château; voyez la carte jointe à ce travail. — (*P. Q.*).

Forges, jusqu'à la ferme du Luat, placée un peu en avant du versant méridional de la côte, sur un mamelon qui domine la plaine. De cette ferme jusqu'au gros de l'aile droite, des postes de cavalerie occupaient les principaux points culminants de la déclivité qui s'étend jusqu'à la grande route en avant de la Seine. A l'extrémité orientale de l'aile droite, un bataillon léger wurtembergeois était placé au bas de la ferme de Saint-Martin, sur le chemin de Montereau à Forges (1); plus en avant, deux escadrons de cavalerie de la même nation étaient en bataille, en arrière du chemin des Processions, la gauche en tête et la droite appuyée à la grange de Saint-Jean. Un escadron de hussards autrichiens était sur la route en avant de Saint-Jean et un autre du même corps, en haut du chemin de la Pioche, en arrière du parc de Courbeton. Une batterie de quatre pièces de six était entre l'église et la grange de Saint-Jean (2), battant, devant, le débouché du ravin du vieux chemin de Nangis et, à droite, toute la côte au nord, du chemin des Processions (3) jusque sur les hauteurs de Bellefeuille (4). Des groupes de tirailleurs

(1) C'est le chemin qui passe derrière le cimetière actuel. — (*P. Q.*).

(2) La grange subsiste encore ; quant à l'église, ce qui en restait a été démoli, il y a quelques années. — (*P. Q.*).

(3) Le chemin des Processions qui passait devant l'église Saint-Jean pour aller aboutir au chemin de la Pioche, est un tronçon de l'ancienne voie romaine de Montereau (*Condate*) à Châteaubleau (*Riobe*); il se nommait ainsi, parce que le clergé de la paroisse Saint-Jean le suivait pour faire les processions, notamment celles des Rogations ; on l'appelait aussi le chemin de Champ-Mort, parce qu'on le prenait pour amener à l'église Saint-Jean les morts des hameaux voisins ; il traverse la section C, numéros 2 et 3 du cadastre. — (*P. Q.*).

(4) Bellefeuille est un climat de forme triangulaire, limité au nord par le chemin qui passe derrière le cime-

occupaient les intervalles, et une centaine environ étaient logés dans les empilages de bois de corde du port de Courbeton.

Au-dessus de la ferme de Saint-Martin, longeant le plateau, au nord-est, du vieux parc de Surville, étaient placés trois bataillons autrichiens du régiment de Zach, avec du canon dans les intervalles, et protégés à leur gauche par une redoute placée à l'angle nord-ouest du vieux parc où six pièces de douze étaient en batterie. En avant et plus au couchant, derrière une berge du chemin de Boulains, à gauche, un canon de douze et deux forts obusiers battaient la plaine dans la direction de la ferme de Plat-Buisson.

La landwehr wurtembergeoise était déployée en ligne en avant et parallèlement à l'avenue de Surville aux Ormeaux ; elle se prolongeait au midi du hameau de Villarron, en arrière du petit parc des Ormeaux (1), et s'étendait sur deux rangs, depuis le chemin de Boulains au levant jusqu'à celui de la Croix-Paré, au sud-ouest (2). Le petit parc des Ormeaux, qui présente un carré long, dans la direction du levant au couchant,

tière, et à l'est par le chemin de la Pioche; section C, 1 du cadastre. — (*P. Q.*).

(1) Le petit parc des Ormeaux, détruit depuis longues années, était limité au midi par le chemin qui s'appelle aujourd'hui le chemin de la Maison-Garnier. — (*P. Q.*).

(2) Le chemin de la Croix-Paré n'existe plus; il a été absorbé par la grande route, faite en 1848, et se trouvait presque en face de la ruelle aux Loups, à peu près à l'endroit où, maintenant, un tronçon de chemin, aussi raide que court, relie la vieille route à la nouvelle. Au carrefour formé par la vieille route et ce chemin, avait été élevée une croix, sur le lieu du supplice d'un nommé Paré, roué et pendu pour avoir outragé une femme et volé sur la grande route. Cette croix avait donné le nom au chemin. — (*P. Q.*).

était occupé par deux bataillons du régiment de Colloredo et une compagnie d'infanterie légère wurtembergeoise. Les haies vives de ce parc, bien entretenues et d'une épaisseur extraordinaire, rendaient ce poste inabordable aux charges de cavalerie et il ne pouvait être forcé qu'avec du canon (1).

Le hameau de Villarron était occupé par trois bataillons autrichiens de la brigade légère du général Stockmayer et deux bataillons incomplets du 3e régiment de la même arme, lesquels étaient campés entre le vieux chemin de Paris (2) et celui des Chevaliers, à droite (3), en longeant la rue d'Enfer dont l'escarpement septentrional les couvrait jusqu'à mi-corps (4).

(1) L'ennemi avait bien compris l'importance de cette position. Un rapport, dressé le 22 février 1814 par le propriétaire du petit château et du petit parc des Ormeaux, M. Jacques Regnault, constate que, dès le 14 février, 300 ou 400 Wurtembergeois s'étaient installés dans sa demeure et dans les treize maisons du hameau ; les ennemis avaient bu et mangé toutes les provisions, cassé toutes les glaces de M. Regnault en apprenant qu'il avait trois fils dans la Garde impériale, brisé son mobilier, emporté tous les lits, les draps et les couvertures, brûlé les toits de trois maisons, ainsi que tous les échalas des vignes et les arbres du jardin de M. Regnault. Les malheureux habitants des Ormeaux furent réduits à se loger dans une écurie et un fournil appartenant à M. Regnault et qui avaient échappé aux dévastations des Wurtembergeois (*Archives municipales de Montereau*, H. 2, 4). — (*P. Q.*).

(2) Le vieux chemin de Paris est le chemin actuel des Ormeaux. — (*P. Q.*).

(3) Ce chemin commence à la croix placée au centre du hameau des Ormeaux et va tomber sur le chemin d'Enfer. — (*P. Q.*).

(4) La rue ou le chemin d'Enfer, qui sépare le territoire de Montereau de celui de Forges, commence à La Folie, à la grande route, passe derrière les Ormeaux et va aboutir au chemin de la Pioche, aujourd'hui chemin de grande communication n° 133. — (*P. Q.*).

Au commencement de l'action, ces trois derniers bataillons étaient chacun en potence, face au couchant. Une batterie de deux pièces de six était au centre, dans un pli de terrain, et tournée sur le midi de la ferme de Plat-Buisson.

L'aile gauche de l'ennemi.

Le gros de la cavalerie wurtembergeoise formait l'aile gauche, au couchant, s'étendant dans la direction du hameau des Courreaux, débordant un peu au nord-est celui de Villarron et échelonnée jusqu'à la hauteur de la ferme de Plat-Buisson dont le petit parc, très fourré, était occupé par une compagnie de tirailleurs bavarois.

Sans y comprendre les postes avancés, cette première ligne d'opération faisant face au nord et se courbant légèrement au nord-ouest, s'étendait sur environ trois kilomètres de longueur et paraissait attendre l'attaque dans ces deux directions. C'était, en effet, dans ces deux directions que le canon de la veille avait été entendu. La retraite des corps de Bianchi et de Hardeck, qui s'étaient avancés sur Fontainebleau et Melun, rendait aussi probable l'attaque simultanée au sud-ouest, et, en cas d'échec à l'aile gauche ennemie, les Français eussent été maîtres de la ville avant que les alliés, attaqués au nord, eussent pu s'y mettre en retraite, ce qui, de tout autre côté, leur était rendu impossible par les succès des jours précédents. Ce fut pour prévenir un résultat aussi funeste, que fut placée, en arrière de la cavalerie wurtembergeoise, l'infanterie bavaroise du corps de Bianchi, laquelle occupait les abords de Montereau. Elle était massée en réserve dans les tuileries qui sont de ce côté, à l'extrémité du faubourg Saint-Nicolas et s'échelonnait sur la route royale (1), jusqu'au hameau du Dragon-Bleu ; au-delà de ce hameau, à l'entrée des bois, étaient en position toutes les forces wurtembergeoises : infanterie, cavalerie et artillerie, qui, refoulées de Melun, du Châtelet et de Valence, avaient fait retraite sur Montereau, la veille et dans la nuit. Ces diverses troupes avaient pris position à la demi-lune de la route royale (2), située dans le bois de Valence, s'éclairant de tous côtés au moyen de tirailleurs placés dans les bois et s'étendant à droite, en arrière de la route royale, jusqu'au chemin de Boulains (3), en avant du hameau des Courreaux.

Les Bavarois, qui formaient la réserve aux abords du faubourg Saint-Nicolas, débordaient la route au midi, en arrière de leur ligne de bataille, occupant le plateau des Montégazes (4), en haut de l'escarpement duquel ils mirent en batterie deux pièces de six, pointées sur le chemin de La Grand'Paroisse, au-delà du ravin du Ru du Bateau. Le ravin concourait à la défense de cette position.

Dans la ville, au-delà des ponts, plusieurs grand' gardes étaient placées dans les carrefours; une bat-

(1) C'est le chemin que nous appelons aujourd'hui la vieille route de Paris et qui, commençant à l'extrémité du faubourg à droite, longe la tuilerie Fouinat (aujourd'hui Sachot), laisse à droite le chemin des Ormeaux et va rejoindre la route nouvelle (construite en 1848) non loin de La Folie. — (*P. Q.*).

(2) Par cette route royale, notre auteur entend non pas la route royale dont il a parlé quelques lignes plus haut et qui était la grande route de Paris, mais bien la route royale construite sous le règne de Louis XV et qui conduisait de Fontainebleau à Montigny-Lencoup. — (*P. Q.*).

(3) C'est aujourd'hui le chemin de grande communication n° 67, de Rozoy à Montereau. — (*P. Q.*).

(4) Le climat des Montégazes s'étend au nord-ouest du Ru du Bateau; section du cadastre, A, 3. — (*P. Q.*).

terie autrichienne était à l'orient du faubourg Saint-Maurice, sur la rive gauche de la Seine, et deux batteries légères se portaient sur divers points, sans prendre de position stable.

Au point du jour, les forces alliées disposées dans l'ordre que nous avons essayé de décrire, présentaient un effectif d'environ douze mille hommes d'infanterie, deux mille de cavalerie et trente bouches à feu. Les renforts, successivement reçus jusqu'à midi, et dont la plus grande partie arriva par la route de Bray, porta ces forces à environ dix-sept mille hommes d'infanterie, trois mille chevaux et quarante bouches à feu.

Ce jour-là, comme à Austerlitz, le soleil se leva radieux ; un léger brouillard couvrait les rivières et le fond des vallons, il fut promptement dissipé. Depuis le 14, il gelait ; la journée du 18 fut une des plus belles de cet hiver qui en donna peu de pareilles. Après le coucher du soleil et dans la nuit (1), une neige abondante couvrit la terre.

Attaque de Forges, du Luat et de Courbeton.

A la droite des alliés, à peine les premières lueurs du jour avaient paru, que les postes avancés du corps d'armée du maréchal duc de Bellune refoulaient, sur le village de Forges, ceux des Wurtembergeois qui avaient bivouaqué en avant du hameau de Gardeloup. Près des fossés du château de Forges, la fusillade s'engagea et, un instant après, l'ennemi débusqué du château et du village, fut mené battant jusqu'au bas de l'avenue au midi, où débouche le vallon du Four à chaux. Secourus par le poste qui était en avant de la ferme du Luat,

(1) La nuit du 18 au 19 février. — (*P. Q.*).

les Wurtembergeois reprirent aussitôt l'offensive et les Français, sous la mitraille de deux pièces de campagne qui tiraient de la ferme, furent ramenés en désordre jusqu'au-delà de Forges ; l'ennemi reprit alors possession du village, mais en négligeant, toutefois, d'occuper le château et les bâtiments de service.

Pendant cette escarmouche d'avant-postes, le corps d'armée du maréchal duc de Bellune s'avançait dans la direction de Forges. La division du général Château formait l'avant-garde, celle du général Duhesme débouchait de Salins par la grande route, une partie obliquant à droite pour tourner les parcs de Courbeton et de Merlanges ; la cavalerie, aussi à l'aile droite, suivait le chemin de Salins à Forges par le hameau du Grand-Buisson, et l'artillerie, également à la droite, venait dans la même direction, partie sur ce chemin, partie dans les terres.

L'arrivée de la division Château détermina la retraite des ennemis du village de Forges ; ils se repliaient encore sur la ferme du Luat, quand, à mi-chemin, ils furent renforcés et ramenèrent encore une fois les nôtres au-delà de Forges, où ils rentrèrent pour le quitter aussitôt, car le gros de la division Château, débouchant par le vallon du Four à chaux, pouvait les prendre en flanc et les couper de leur réserve.

Il était neuf heures du matin environ, lorsque le général Château prit position en avant d'une remise (1), au nord de la ferme du Luat. S'étendant ensuite par sa droite, il dirigea sa cavalerie entre le Luat et le hameau de Villarron, et fit attaquer la ferme par son artillerie. La division Duhesme marchait sur le Luat par le chemin d'Enfer, et ses tirailleurs, qui avaient

(1) Par remise, notre auteur entend très probablement un petit bois. — (*P. Q.*).

fouillé les haies des deux parcs [de Courbeton et de Merlanges], débouchant par les nombreuses brèches des murs, se répandaient de tous côtés, menaçant les derrières de la ferme et débusquant l'escadron de hussards qui était en position en haut du chemin de la Pioche. Cet escadron fit sa retraite par le chemin des Processions sur l'église Saint-Jean.

La colonne de la division Duhesme, qui avait marché sur Montereau par la grande route, en balayant devant elle les postes avancés des Wurtembergeois, débusqués de Saint-Germain, à gauche, et des hameaux qui en dépendent, à droite, cette colonne arrivait à neuf heures, en haut de la rampe de La Prison, à l'angle du parc de Courbeton (1). Les postes refoulés, ralliés au bas de cette rampe et soutenus par un escadron de hussards de l'archiduc Ferdinand, voulurent tenir en cet endroit, à la faveur des murs du parc et des jardins qui bordent la route des deux côtés. Mais les tirailleurs français, qui avaient fouillé le grand parc, protégés par les taillis, s'étaient avancés à courte portée et, par un feu de flanc bien nourri, ils contraignirent l'ennemi à continuer son mouvement de retraite jusqu'au gros de leurs forces, près de l'église Saint-Jean. Les Français s'arrêtèrent dans le château et les jardins de Courbeton abandonnés et, de là, harcelèrent l'ennemi, sans avoir à redouter son feu dont les murs les garantissaient. De la terrasse du château, qui longe la rive droite de la Seine, les Français, par un feu plongeant,

(1) La Prison se trouve à l'angle du grand parc de Courbeton, juste en face du chemin de grande communication n° 18 qui conduit au village de Saint-Germain-Laval. — Le parc doit s'entendre de la partie située au nord de la route et qui appartient aujourd'hui à M. René Sachot. — (*P. Q.*).

éloignaient les tirailleurs qui s'étaient logés dans les empilages de bois de corde du port, au couchant de Courbeton. Par la grande route qui passe entre le château et le parc, et placés derrière les murs, ils harcelaient aussi la cavalerie ennemie qui était en arrière de l'infanterie et en avant de leur position. Les deux escadrons de hussards de l'archiduc Ferdinand qui étaient les plus exposés à leur feu, essayèrent de les débusquer de ce point; mais l'infanterie française grossie à chaque instant par les troupes restées jusqu'alors en arrière, les repoussèrent avec perte et les ramenèrent battant jusqu'à leur première position. Dans cette partie de l'action, on vit des tirailleurs français pousser l'audace jusqu'à aller dépouiller, sous le feu de l'ennemi, deux hussards tombés dans la poursuite.

La colonne d'avant-garde du général Château, qui s'était divisée dans sa marche, des deux côtés de la route, se rallia derrière les murs de Courbeton, attendant, pour marcher en avant, que le gros du corps d'armée qui la suivait, fût arrivé pour la soutenir; elle était d'ailleurs contenue dans sa position par une batterie autrichienne de six bouches à feu, placée au levant du faubourg Saint-Maurice, sur la rive gauche de la Seine. Cette batterie qui tirait à boulets, en envoyait jusque dans les appartements du château de Courbeton; de plus, une division autrichienne et wurtembergeoise, avec du canon et deux escadrons de cavalerie, couvrait à l'orient le faubourg Saint-Nicolas, l'infanterie placée à mi-côte dans les vignes, sur le coteau de Saint-Martin, et la cavalerie échelonnée au bas, près de l'église Saint-Jean.

Après avoir laissé un poste à Courbeton, pour défendre la route, le général Château remonta la côte derrière le parc que ses tirailleurs fouillaient en tous sens. Parvenu au sommet, il déboucha par le chemin de la rue d'Enfer qui couronne le coteau au midi, tandis que le général Gérard, devenu maître de la position de Forges, marchait aussi, au couchant, dans la direction de Villarron, menaçant de tourner la ferme du Luat par la gauche, pendant que le général Château la menaçait par la droite et sur ses derrières. En même temps, il (1) refoulait sur Montereau plusieurs postes de uhlans autrichiens placés sur les hauteurs de Bellefeuille, au milieu des vignes. Ayant mis deux pièces de campagne en batterie, dès les premiers coups, il démonta une des pièces des Wurtembergeois; puis, les attaquant à droite et en arrière, tandis que la cavalerie du général Gérard essayait de les tourner par leur gauche, il emporta la position du Luat en un instant. L'ennemi se mit en retraite sur Montereau par le chemin creux et le fond du vallon des Rougeaux, où une partie de la colonne française le suivait en tiraillant, tandis que le gros suivait le mouvement du général Gérard qui marchait au couchant, en suivant le chemin de la rue d'Enfer. Les Wurtembergeois en retraite se ralliaient sur tous les sommets où ils parvenaient et d'où il fallait les déloger ; ces mouvements conduisirent les Français jusqu'au versant méridional de la côte, au-dessus de Saint-Jean, en vue de Montereau. Là, il fallait cesser la poursuite ; on se trouvait en face de forces très supérieures; d'ailleurs, la nécessité de garder la position qui s'étendait de la rive droite de la Seine, au nord de la ville, ne permettait pas de se concentrer assez, pour exécuter une attaque sur le faubourg Saint-Nicolas.

Il était dix heures environ, lorsque le canon commença à gronder avec force dans la direction du nord,

(1) C'est-à-dire le général Château. — (*P. Q.*).

à une distance plus rapprochée que le matin. C'était le général Gérard qui attaquait le régiment autrichien de Zach, placé en avant du vieux parc de Surville, et la landwehr wurtembergeoise qui tiraillait à couvert, derrière les haies vives et épaisses de ce parc. Nous allons les laisser dans cette position pour nous porter au nord-ouest et à l'ouest, à la rencontre du corps d'armée que commandait le général Pajol.

Le général Pajol entre en ligne.

La veille, en même temps que le duc de Bellune recevait de Napoléon l'ordre d'attaquer la position des alliés à Montereau dans la matinée du 18, le général Pajol, qui s'était avancé de Melun jusqu'au Châtelet, reçut celui de seconder cette attaque par la gauche de l'ennemi. Son mouvement en avant commença au point du jour et, à huit heures environ, il débouchait de Valence par la grande route de Paris, bordée des deux côtés par des bois qu'il faisait éclairer par ses tirailleurs, et poussant devant lui un escadron de chasseurs bavarois et ensuite, un autre de uhlans de la même nation. Arrêté en avant de la demi-lune de la route royale où une batterie autrichienne barrait complètement le passage, il essaya en vain de la faire enlever par le 2e régiment de lanciers qui y perdit environ trente chevaux. Il mit alors son artillerie en batterie devant celle de l'ennemi et, étendant sa gauche parallèlement à la route royale, dans le bois, il espérait tourner la position, lorsqu'en arrière de la ferme de Mauperthuis, il se trouva en face de la cavalerie qui flanquait l'aile gauche du prince de Wurtemberg. Ce nouvel obstacle qu'il ne pouvait vaincre sans se concentrer sur un seul point et sans s'exposer à être tourné par sa droite, le détermina à attendre la coopération de la division du général Pacthod, qui, débouchant de Valence, avait suivi par la droite, à travers les bois, par Les Bordes, La Maison-Brûlée et Brimbois. Ce détour et la nature du chemin qu'il suivait, avaient retardé sa marche de trois quarts d'heure. Enfin, il déboucha des bois vers dix heures et demie, en face de la ferme de La Mare, à gauche en avant du Dragon-Bleu. L'arrivée de cette division détermina la retraite des alliés depuis la route royale jusqu'à la sortie des bois où ils s'arrêtèrent, après avoir, dans leur marche rétrograde, fait plusieurs décharges à mitraille contre les Français qui les suivaient à distance. Leurs tirailleurs, placés des deux côtés de la route, dans les bois, croisaient leurs feux et les rendaient meurtriers aux plus braves. Le général Pajol suivait le mouvement en arrière des alliés, espérant que sa jonction avec la division Pacthod le mettrait en mesure de culbuter toutes les forces qui lui étaient opposées dans ce moment.

Les choses en étaient à ce point que, de la ville, on pouvait juger, au rapprochement ou à l'éloignement du bruit des feux sans ralentissement, des mouvements d'agression ou de retraite qu'exécutaient les corps respectifs engagés. Jusque vers midi, l'ennemi se maintenait de force sur toute sa ligne de défense et le peu de points où il avait cédé pour se concentrer, n'avaient point encore rendu nécessaire la marche en avant, des réserves qu'il avait laissées dans la ville.

Le prince royal de Wurtemberg n'avait pas encore quitté son logement en ville, mais, vers onze heures du matin, environné de son état-major, précédé et suivi de cavaliers d'ordonnance de toutes armes, il se porta à gauche du château de Surville, derrière le vieux parc. Il n'y resta que quelques instants. Soit qu'il n'y trouvât pas assez de sécurité, soit que les feux français qui semblaient se rapprocher, l'inquiétassent, il descendit du plateau et vint se placer au revers de la montagne, sous la protection d'une grosse roche calcaire qui se trouve un peu au-dessus du Calvaire (1). Ce fut, de ce lieu, d'un assez difficile accès, qu'il expédiait les ordonnances dans toutes les directions et où il recevait celles qui lui étaient adressées. Placé en vue de la ville, les mouvements continuels et toutes les allées et venues étaient facilement remarquées.

Les corps d'armée français, dont les têtes de colonne étaient engagées dès le matin, arrivaient successivement en ligne devant les alliés qui, jusqu'alors, quoique beaucoup supérieurs, se contentèrent de garder leurs positions et de tenir les assaillants à distance. Les feux de file et la canonnade n'arrêtaient plus ; des feux de peloton se distinguaient aussi, tantôt d'un côté, tantôt de l'autre. Entre onze heures et midi, c'était à l'extrémité gauche de l'ennemi, du côté des bois de Valence, que l'action paraissait la plus vive. L'arrivée en ligne de la division Pacthod détermina les alliés à se reployer sur la grande route, entre la sortie des bois et le Dragon-Bleu. Là, ils tinrent ferme, et malgré les attaques réitérées des Français, dont la cavalerie venait charger jusque sur les batteries, l'impossibilité de se déployer au-delà du bois, en face et par sa gauche, paralysait le mouvement en avant du général Pajol : il fut contenu dans cette situation désagréable pendant plus d'une heure. Comme nous l'avons dit, à sa droite, il avait la cavalerie des alliés qui bordait le

(1) Cette roche se trouvait à droite du Chemin Blanc (ancienne avenue de Surville), un peu au-dessous du mur actuel qui, du couchant au levant, coupe la montagne, de la rue de Boulains aux murs du parc de Surville. — (*P. Q.*).

bois des Appentis, vis-à-vis des Courreaux, et en tête, toutes les forces qui s'étaient reployées devant lui. Le général Pacthod, à sa droite, était seul à peu près libre de son mouvement, mais il ne pouvait pas s'isoler sans compromettre le salut du corps d'armée tout entier. Ne voulant pas cependant rester inactif, après avoir concentré sa division autour de la ferme de La Mare et masqué son front par la cavalerie, tandis qu'il faisait soutenir l'attaque par sa gauche, il détacha les gardes nationaux de l'Ouest et le bataillon des gendarmes à pied de l'armée d'Espagne. Il en forma une colonne qu'il dirigea, à sa droite, par le chemin du Port-Pendu (1), d'où, par les chemins d'usage, les sentiers et à travers les vignes, elle arriva au bas du côteau des Montégazes, au nord du Ru du Bateau.

Sur la droite et au centre des alliés, le corps du duc de Bellune et la division Duhesme étaient arrivés successivement en ligne, et l'état des choses de ce côté n'avait pas beaucoup changé depuis que le général Château avait délogé les Wurtembergeois de la ferme du Luat. Les tirailleurs s'étaient répandus dans les chemins creux et couronnaient tous les points culminants des vignes et du bois des Rougeaux (2), gagnant et perdant du terrain alternativement.

(1) Le chemin du Port-Pendu descend perpendiculairement du chemin de Rubrettes à La Folie (aujourd'hui chemin de grande communication n° 67) au chemin de halage, non loin des limites du territoire de Montereau; section du cadastre A, 1 et A, 2. — (*P. Q.*).

(2) Le bois des Rougeaux se trouve dans l'angle de la rue d'Enfer et du chemin de Saint-Martin; section du cadastre, B, 7. — (*P. Q.*).

Le général Gérard prend le commandement de toutes les troupes.

Vers midi, la vigueur de l'attaque et de la défense montraient qu'on se battait sur toute la ligne. L'ennemi, dans la ville, faisait avancer ses réserves ; le dernier poste qu'il y conserva fut une grand'garde d'environ trois cents hommes d'infanterie autrichienne qui prit poste au débouché du pont de l'Yonne ; une autre, de pareille force, était au faubourg Saint-Maurice, occupant le carrefour des deux ponts. Dès midi et demi environ, le bruit des feux ne manifestait plus de grands mouvements rétrogrades dans les colonnes d'attaque françaises ; [à en juger par ces feux], les ailes se maintenaient dans la même position, à peu près, mais le centre semblait progresser sans cesse, de manière que, de la ville, on commençait à apercevoir distinctement la fumée des batteries françaises. Chaque volée était de onze coups à la batterie la plus rapprochée ; une autre, un peu sur la droite, en fournissait huit et la plus éloignée, dans la direction de Plat-Buisson et des Courreaux tirait inégalement jusqu'à vingt-deux coups. Les batteries des alliés étaient à peu près de même force, mais généralement leurs feux étaient plus lents et moins nourris.

Aux ailes, la fusillade était vive, mais les détonations d'artillerie n'y étaient pas fréquentes. Tout ce tonnerre roulant dura une grande heure, en augmentant d'intensité ; c'était la colonne du général Gérard qui arrivait en ligne et qui communiquait une nouvelle vigueur à l'attaque. Un peu plus tard, les habitants de la ville pouvaient pressentir l'approche de Napoléon, à l'air de terreur qui s'empara des alliés. Ce fut dans ce moment où ils commençaient à fléchir d'une manière prononcée, que la voiture du prince royal de Wurtemberg et son escorte composée de deux escadrons de uhlans, allèrent l'attendre à la barrière de Paris (1), en haut du faubourg Saint-Nicolas; une demi-heure environ après, le prince quitta le rocher du Calvaire, descendit la côte à pied, monta en voiture, traversa la ville et s'en alla par Sens.

Comme on a pu le voir précédemment, si les corps alliés qui opéraient de ce côté manquaient d'ingénieurs militaires, leur service d'ambulances était aussi à peu près nul. Pourtant leurs blessés n'étaient pas abandonnés; ils étaient portés, aussi bien que le plus grand nombre des morts, sur des voitures de fermiers, rassemblées de toutes parts et placées sur la chaussée de Saint-Maurice ; [ces voitures], après chargements successifs [des blessés], les évacuaient sur la ville de Bray et même au-delà ; sur la fin de l'action, elles se dirigeaient sur Pont-sur-Yonne, par Barbey, Misy et Vinneuf.

A une heure après midi, le corps d'armée du général Gérard, venu par la route de Nangis, était tout entier en ligne. Avant d'opérer activement, ce général fut d'abord obligé de rallier les tirailleurs du duc de Bellune, qui, en grande partie, se trouvaient mal engagés entre lui et l'ennemi. Ensuite, se déployant par sa droite, il se portait au centre de l'action, quand il reçut de l'empereur l'ordre de prendre le commandement de toutes les troupes et de diriger l'attaque (2).

(1) La barrière de Paris se trouvait au commencement de la grande route, en face de la rue de Boulains. — (*P. Q.*).

(2) « Napoléon averti qu'on rencontrait des difficultés, » et mécontent du maréchal Victor, avait envoyé au gé- » néral Gérard l'ordre de prendre le commandement en » chef, ce que le général Gérard fit sur le champ » (Thiers, *op. et loc. citt.*, p. 349). — (*P. Q.*).

Tandis qu'il prenait ses dispositions en conséquence, un escadron de dragons de la garde impériale arrivait par le chemin de Boulains (1), précédant le parc de réserve que suivait la Garde à pied. D'autres détachements de cavalerie légère flanquaient leur marche et le tout arriva successivement pour prendre part à l'action. Ayant remarqué combien l'artillerie wurtembergeoise, qui était en batterie à l'angle du vieux parc de Surville, nuisait à la concentration des forces françaises, [le général Gérard] fit avancer une partie du parc de réserve dont l'effet subit fut de démonter une partie des pièces de l'ennemi et de foudroyer son infanterie au point de la faire reculer. Ce fut alors qu'un général ennemi tenta une charge désespérée sur les batteries françaises dont il parvint à enlever une pièce qui lui fut aussitôt reprise par le général Gérard en personne, à la tête d'un bataillon français, qui repoussa les alliés en désordre (2).

(1) Le chemin de Boulains commence au bout de la rue de Paris, à côté de l'aqueduc, et, après avoir gravi la montagne, coupe l'avenue de Surville pour aller aboutir sur les terres de la commune de Forges, à l'est de la ferme de Plat-Buisson. — (*P. Q.*).

(2) Nous avons su depuis le nom du général ennemi qui a fourni ce trait de bravoure digne d'être remarqué, même parmi nos ennemis : c'est le général divisionnaire Dœring. Sa biographie nous manque, nous ne pouvons le faire connaître davantage. (*Note de l'auteur*).

— Thiers parle aussi (*op. et loc. citt.*), mais sans les curieux détails que donne notre auteur, de cet épisode de la bataille ; il raconte que le feu de 60 pièces de canon dirigées contre les Wurtembergeois, leur causa un tel dommage « que, voulant se débarrasser de ce feu meur-
» trier, ils essayèrent de se jeter sur nos pièces pour les
» enlever. Le général Gérard les laissa avancer, puis fondit
» sur eux à la tête d'un bataillon, et les ramena à la pointe
» des baïonnettes à leur position ». — (*P. Q.*).

L'ennemi commence à plier.

Dès lors le succès de l'attaque des Français continuait sur le centre des alliés qui commencèrent à couvrir le plateau de Surville de leurs troupes en retraite ; les boulets et les obus des batteries françaises passant par dessus le faubourg Saint-Nicolas, commençaient aussi à tomber dans la Seine (1). Au moment où les Français repoussaient l'ennemi dans le faubourg Saint-Nicolas, leurs obus mirent le feu à une maison, sur le quai de Seine, appartenant au nommé Fontenelle ; elle brûla jusqu'après l'affaire ; les habitants alors éteignirent le feu (2).

Un autre obus tomba sur la maison d'Augustin Dordron (3) ; il éclata dans le grenier où il blessa six personnes, notamment le sieur Hocquet aîné, marchand

(1) Tout ce passage jusqu'à « Au levant, à la droite de » l'ennemi », n'est pas dans le manuscrit définitif de notre auteur, mais il se trouve dans un autre petit manuscrit sur lequel il a pris quelques notes. — (*P. Q.*).

(2) La maison de Pierre-Honoré Fontenelle, vigneron, sise sur le quai de Seine, fut brûlée presque entièrement avec ses dépendances et tout ce qu'elle contenait ; les dégâts furent évalués à 5,900 francs (*Archives municipales*, H. 2, 4). Une autre maison, celle de Mathieu-Lié Léguillier fut également brûlée par un obus avec le mobilier qu'elle contenait ; les dégâts furent évalués à 5,500 francs. (*Id. id.*, H. 2, 10).

(3) Cette maison se trouvait à l'angle de la rue de la Poterie et de la rue Dame Ozanne (cette dernière a été, depuis longtemps, supprimée pour élargir le quai) ; c'est la maison de la rue de la Poterie qui porte le n° 2. (Renseignement fourni par M. Frontier, ancien directeur de la manufacture de faïence, petit-fils de M. Augustin Dordron). — (*P. Q.*).

4

de chevaux, à qui il coupa les deux cuisses ; il en mourut le surlendemain (1).

Un autre obus vint éclater auprès de la porte de Mme Carré, près du pont d'Yonne (2) ; il cassa le plâtre du parement de la porte, tua un officier autrichien et en blessa plusieurs autres. Plusieurs boulets vinrent tomber dans l'intérieur de la ville, mais sans y causer de dommages.

Au levant, à la droite de l'ennemi, le maréchal de Bellune délogeait tous les corps qui avaient pris poste à la ferme de Saint-Martin et au revers du coteau, et les acculait à l'entrée du faubourg. A la gauche, sur la grande route de Paris, l'avantage du terrain main-

(1) « M. Hocquet aîné qui, pour voir la bataille, était » monté dans le grenier de M. Dordron, a eu les deux » cuisses coupées par les éclats d'un obus qui est tombé » sur la maison ». (*Lettre de Mlle E. B.*, du 19 février). — Marc-Antoine-Laurent Hocquet mourut le 23 février. Je relève ce qui suit dans le rapport adressé par Larrey, à l'Empereur, le 20 février : « Dans le nombre de 370 blessés » (c'est le nombre des Français blessés pendant la bataille du 18 février), je comprends quatre habitants de » Montereau qui ont été victimes du combat qui a eu lieu » dans cette ville ; le premier est le sieur Hocquet l'aîné, » père de famille, qui a eu les deux jambes emportées par » un obus de l'artillerie française. Cet accident a nécessité » l'amputation des deux cuisses.

« Le sieur Pierre-Cyr Mathieu, sa femme et son fils, » d'environ quatorze ans, ont été grièvement blessés par » les éclats du même obus ; ces trois individus resteront » estropiés de leurs blessures, s'ils ont le bonheur d'en » guérir. Je sollicite de votre Majesté, pour ces deux fa- » milles, une pension relative ». (*Archives nationales*, A. F. IV, 1668). — (*P. Q.*).

(2) La maison de Mme Carré, grand'mère de MM. Stéphane et Henry Carré, était déjà occupée par une tannerie; en outre de cet obus meurtrier, il tomba sur la même maison un boulet qu'on peut toujours voir, encastré dans le pignon. — (*P. Q.*).

tenait les Austro-Bavarois sur la défensive. Le général Pajol, qui leur était opposé et était en ligne depuis le matin, était obligé de graduer son attaque sur la progression que lui indiquaient les feux de toute la ligne, [car il se trouvait] sans communication possible avec les autres corps français. Apprenant, par le redoublement d'activité des batteries, que l'Empereur approchait, profitant habilement d'un mouvement de concentration que fit la cavalerie ennemie, il emporta la position qui lui barrait la route, prit deux pièces de canon et leurs caissons, et put déployer son corps d'armée en avant du hameau du Dragon Bleu. Dès lors, son mouvement en avant suivit le mouvement de retraite des alliés ; il marchait sur Villarron où était le centre de l'attaque, tandis que le général Pacthod éclairait la droite de la route jusqu'à la Seine.

Nous avons vu précédemment qu'une colonne de la division de ce dernier avait marché en avant, aussitôt le débouché du bois de Valence, et était parvenue jusqu'au ravin du Ru du Bateau, dans le but de prendre les Bavarois à revers. Cette marche, exécutée par des chemins creux qui devaient la masquer en partie, fut pourtant aperçue des Bavarois qui, en ce moment, quittaient leur réserve des Tuileries pour se porter en avant. Ils établirent aussitôt une batterie de deux pièces de campagne et d'un obusier, au-dessus du versant à l'ouest du plateau des Montégazes, au pied duquel passe le ravin (1). Cette disposition de l'ennemi était un peu tardive ; les Bretons étaient déjà au fond

(1) Pour bien comprendre cet épisode de la bataille, il faut se rappeler que le climat des Montégazes a été en partie coupé par la grande route construite en 1848, ce qui change quelque peu la physionomie de la côte depuis les Tuileries, qui existent toujours, du reste, jusqu'au Ru du Bateau. — (*P. Q.*).

du ravin, près de gravir la côte, lorsque la batterie tira infructueusement : la volée passa par-dessus leur tête sans les toucher. Les Bavarois n'eurent pas le temps de recharger leurs pièces, ni de les évacuer ; elles furent enlevées en moins d'une minute et l'infanterie qui couronnait le plateau, fut enfoncée en même temps par les gendarmes à pied de l'armée d'Espagne. Toutefois, cette partie de l'attaque n'eut d'autre suite que celle de précipiter les pièces enlevées dans le ravin et de les emmener à travers les vignes ; les alliés, qui accoururent en force, ne permirent pas aux Français de pousser plus avant de ce côté.

Dès l'instant où le général Gérard fut investi du commandement général, l'attaque marcha avec plus d'ensemble et le mouvement en avant des Français ne discontinua plus. Les lignes ennemies, en reculant, se voyaient distinctement de la ville. La cavalerie, alors en arrière, bordait le haut des grandes berges blanches des *cassoirs* (1), au-dessus du Clos Dion (2). Le gros de l'infanterie couronnait les sommets en ondulant depuis la demi-lune en haut de la côte de Villarron (3) jusqu'au bout de l'avenue de Surville, près de la cour du château. Le bruit des feux bien plus rapprochés indiquait distinctement l'attaque des Français et la graduation de leur mouvement en avant. Le canon ennemi, débusqué

(1) Mot local qui désigne l'emplacement sur lequel on étale et *casse* la terre argileuse destinée à fabriquer la tuile et la brique. — (*P. Q.*).

(2) Le Clos Dion, climat qui s'étend sur toute la côte sise à gauche du chemin des Ormeaux (aujourd'hui chemin vicinal n° 3), au-dessus de l'ancienne route de Paris ; section B, 1 du cadastre. — (*P. Q.*).

(3) Ce doit être la demi-lune qui figure au cadastre de 1842, sur la vieille route de Paris, à l'ancienne borne milliaire 37, à côté du chemin des Rosiers ; section B, 1 du cadastre. — (*P. Q.*).

de ses positions, ne tirait plus que des coups rares au centre. Seulement, à la gauche, il avait conservé une grande partie de son activité. De midi à deux heures, [l'action n'avait encore produit comme résultat] que la concentration des alliés sur les hauteurs. [Ils étaient adossés] à la déclivité du coteau de Surville qui descend au faubourg Saint-Nicolas par une pente extrêmement raide. Encore un effort, et leur position n'était plus tenable. Ce fut alors qu'ils engagèrent toutes leurs troupes pour se maintenir et même reprendre du terrain en avant ; ce fut en vain. A cet instant terrible, de la ville, on put juger des efforts réciproques par la vigueur de la fusillade qui ne ralentissait plus.

Napoléon arrive sur le champ de bataille.

A deux heures, l'empereur Napoléon arrivait, précédé des réserves de la cavalerie et de la garde à cheval, et suivi des réserves des corps de la garde à pied. Son arrivée redoubla l'énergie de l'attaque sur tous les points.

Tandis que le principal effort s'opérait sur le centre des alliés, [quelques] parties des corps de Pajol et du duc de Bellune étaient parvenues, l'une à la droite, l'autre à la gauche, jusqu'aux entrées du faubourg Saint-Nicolas, dans lequel elles acculaient les alliés confus et en désordre. Les charges de la cavalerie étaient poussées jusqu'au milieu du faubourg. Une poignée de chasseurs du 3e régiment poussa même l'audace jusqu'à pénétrer en sabrant jusqu'à la coupée du pont d'Yonne, à l'instant où les sapeurs autrichiens se hâtaient de couper les plats-bords qui en formaient le plancher provisoire. Cette opération, mal entreprise ou entreprise trop tard, ne put réussir ; le premier plat-bord, à moitié coupé, se rompit sous la charge des travailleurs : seize hommes tombèrent dans l'Yonne, mais excellents nageurs, pas un ne se noya ; ils purent tous reprendre terre au port des Fossés. La grand'garde qui barrait la [grande] rue au débouché du pont d'Yonne, tira en masse sur les chasseurs français dont pas un ne parut atteint ; ils tournèrent bride au galop, au milieu d'une grêle de balles.

Un peu avant deux heures, l'aile gauche du général Pajol venait de chasser les Wurtembergeois du parc et de la ferme de Plat-Buisson, en même temps qu'elle les avait délogés du hameau des Courreaux. Le gros de son corps d'armée marchait sur le centre des alliés, [et] parvenait à la hauteur du petit parc des Ormeaux (1), alors qu'on s'aperçut qu'une forte haie vive, précédée d'un fossé, en défendait l'approche. De ce point, qui se projette très en avant dans la campagne, en forme de carré long, le feu de l'ennemi devenait, de tous côtés, très meurtrier pour les assaillants. Les colonnes d'attaque venaient jusqu'à la haie, mais ne pouvaient la franchir ; il fallait s'éloigner malgré les efforts des plus braves. On allait mettre des pièces en batterie pour forcer cette position, lorsque le général Pajol, irrité de voir son mouvement ralenti par cet obstacle, cria aux chefs de colonne : « Il faut que j'arrive... Tournez la » position par la droite... M. M... (2) va vous » guider »... Ce mouvement à droite ayant suivi le

(1) Ainsi que je l'ai dit, le petit parc des Ormeaux était bordé, au midi, par le sentier de la maison Garnier, et s'avançait, au levant, sur la grande route (la vieille route d'aujourd'hui). — (*P. Q.*).

(2) Notre auteur a cru devoir donner seulement l'initiale du nom du Monterclais qui servit de guide à l'aile droite du corps d'armée de Pajol, mouvement qui aida puissamment au succès de la bataille, du moins à l'aile droite de l'armée française. Les raisons qui font que M. Tondu-Nangis n'a osé donner qu'une initiale discrète,

commandement du général, M. M..., armé d'un fusil à deux coups, guida la colonne d'attaque au midi, sur le derrière du hameau de Villarron, disposition qui coupait la communication du parc avec le gros de l'armée. En un instant, la position fut emportée; tout ce que renfermait l'enceinte de la haie vive fut tué ou mit bas les armes.

Le gros des alliés, concentré sur leur centre, repoussé à l'extrémité du plateau de Surville, s'efforçait de se maintenir sur ce point, pour donner aux ailes le temps de se reployer sur le derrière. Dans le désordre du mouvement en retraite, ils se croyaient encore maîtres du faubourg en entier, et ne pouvaient compter que sur ce débouché pour se dégager. Depuis le départ du prince de Wurtemberg, les équipages avaient commencé à filer sur Bray et sur Sens; maintenant, le reste se hâtait de suivre, ainsi que la cavalerie qui parvenait à se dégager des rues du faubourg. En haut de Surville, leurs feux perdaient d'intensité à chaque instant. Leurs troupes descendaient la côte par

nous les connaissons : on reprochait à M. M..., qui était alors maire de Montereau, d'avoir *abandonné* la ville pour suivre l'armée française dans son mouvement de retraite du 13 février précédent. Ces raisons n'existent plus et nous pouvons dire que le guide des soldats de Pajol fut Louis-Auguste Moreau que l'Empereur décora le lendemain de la bataille, mais que le gouvernement de la Restauration remplaça, ainsi que ses collègues, le 18 avril 1814, pour cause « d'*indisposition* », par une commission administrative. Je dois cependant ajouter, pour rendre hommage à la vérité et aussi au bon sens — chose rare chez les gouvernements nouveaux, qu'ils soient monarchiques ou démocratiques — que cette commission vécut seulement 21 jours : le 10 mai 1814, l'ancien maire et son conseil reprirent leurs fonctions; (cf. *L'Administration municipale de Montereau-fault-Yonne depuis 1790*, pp. 67 et ss.)— (*P. Q.*).

groupes en désordre et au pas de course. Déjà, les tirailleurs français longeaient le parc de Surville, tandis que d'autres en franchissaient les murs et, de ce point élevé, précipitaient, à coups de fusils, dans les cours entaillées dans le bas de la montagne, les alliés de toutes armes dispersés sur le versant.

A trois heures, le mouvement de retraite se déterminait tout entier, ou plutôt, c'était une fuite précipitée de tous les corps qui venaient encombrer le faubourg. Ceux qui parvenaient à se dégager, cavalerie et infanterie, passaient le pont de Seine à marche précipitée et allaient se reformer dans la plaine, au-delà du faubourg Saint-Maurice. Les restes des deux régiments autrichiens de Zach et de Colloredo essayèrent de soutenir la retraite, en se portant vers les deux extrémités du faubourg Saint-Nicolas ; mais gênés dans leur mouvement par la foule des fuyards, ils furent criblés par la mitraille qui les détruisit presque en entier. Tandis que leur attention était dirigée aux extrémités du faubourg où l'attaque était dans toute sa vigueur, un gros de chasseurs de la Garde et du 5e régiment de cette arme, descendait de Surville par un sentier des plus escarpés, qui débouche vers le centre de la partie occidentale du faubourg (1). Là, ils char-

(1) Ce sentier des plus escarpés, c'est ce qu'on nomme vulgairement *Le Grippot*, et officiellement *La Montée de Surville*. On se demande avec stupéfaction comment les chasseurs de la Garde et ceux du 5e régiment, si bien montés qu'ils fussent, purent exécuter un pareil tour de force. J'ai quelquefois, dans ma jeunesse, entendu raconter aux vieillards du faubourg, et notamment à mon grand oncle Grandjean, cette charge héroïque : les conteurs affirmaient, ce qui peut paraître absolument invraisemblable, que pas un cheval ne s'était abattu, pas un cavalier ne s'était blessé. — *(P. Q.)*.

gent avec une telle fureur que l'ennemi, qui se voit pris de tous côtés, met bas les armes et se rend prisonnier. De suite, pour vider les rues, on les dirigea sur Valence. Le reste du centre des alliés, grossi de ce qui s'était rallié des deux ailes, précipité du haut du plateau de Surville, acculé dans la ruelle aux Loups (1), dans le chemin creux de Boulains et dans l'avenue montante du Calvaire (2), essuyait tout le feu du corps d'armée de Pajol, auquel il ne répondait plus que faiblement en fuyant, autant qu'il le pouvait, par le faubourg encombré. L'infanterie française pénétrait dans les masses par les trouées que faisait la cavalerie, cernait les groupes et leur faisait déposer les armes (3). Les alliés qui parvenaient à se dégager de la mêlée, se hâtaient de fuir et de gagner le ralliement.

(1) Cette ruelle commence sur la vieille route de Paris entre les maisons qui portent les numéros 84 et 86, et va par un angle presque droit, aboutir à la rue de Boulains. — (*P. Q.*).

(2) Cette avenue, qui s'appelle aujourd'hui le chemin Blanc (autrefois avenue de Surville), commence dans le faubourg et est actuellement fermée par une grille. — Quant au chemin creux de Boulains, il commence, ainsi que je l'ai déjà dit, dans le faubourg Saint-Nicolas, près de l'aqueduc, traverse l'avenue de Surville et se continue sur le territoire de Forges. — (*P. Q.*).

(3) Un jeune sous-lieutenant du 133e régiment de ligne, nommé Négré de Mussals, n'étant suivi que de cinq hommes de sa compagnie, au débouché du carrefour du pont de Seine, arrêta deux cents Wurtembergeois commandés par le comte de Zach, au moment où ils allaient passer de l'autre côté du pont. Leur ayant fait mettre bas les armes et les ayant fait prisonniers, il conduisit leur chef à l'Empereur qui arrivait sur le plateau de Surville. Napoléon détacha sa croix et en décora le jeune sous-lieutenant. (*Biographie des hommes illustres,* t. IV, p. 528). — (*Note de l'auteur*).

L'Empereur à Surville.

L'Empereur qui avait ralenti un instant la marche de la colonne qui le suivait, tandis que le général Gérard achevait de nettoyer le plateau et de repousser les alliés sur le versant, parvint au château de Surville. Ayant mis pied à terre, il fit avancer et mettre en batterie, sur le cavalier qui domine la ville et la plaine, une pièce de canon d'un fort calibre qu'on alla chercher au parc de réserve. Cette pièce, servie par les marins et quelques artilleurs à cheval de la Garde, tira six coups sur le gros des [ennemis] ralliés dans la plaine de Saint-Maurice ; ce fut tout ce qu'elle put faire, [car] l'ennemi dans sa fuite, se trouva bientôt hors de portée (1).

(1) Dans les récits postérieurs et même dans un tableau dont la lithographie a reproduit l'action [sous] tous les formats, on se fonde sur l'affection de Napoléon pour son premier *métier*, celui d'artilleur, pour lui faire pointer lui-même le canon de Surville et prononcer des paroles en quelque sorte prophétiques. La vérité est qu'il fut aperçu [quand] la pièce commença à tirer, sur un autre cavalier un peu plus au couchant, observant avec une longue vue, la fuite de l'ennemi ; et certes, à cet instant, il n'avait aucun risque à courir de leurs feux qui étaient alors presque nuls et à plus de deux portées d'une pièce de campagne, de l'endroit où il se trouvait. (*Note de l'auteur*).

— Le baron Fain parle de cet incident : « Le soldat murmure, dit l'auteur du *Manuscrit de 1814*, de ce que Napoléon, cédant à l'attrait de son ancien *métier*, s'expose » aux coups de l'ennemi ; c'est dans cette circonstance » qu'il leur dit gaiement ce mot que tous les canonniers » de l'armée ont retenu : *Allez, mes amis, ne craignez rien;* » *le boulet qui doit me tuer n'est pas encore fondu* ». J'avoue qu'il me coûte quelque peu de détruire une légende popularisée par le livre, par l'image et même par la sculpture, et je n'aurais pas parlé de cet épisode de la bataille, si ce n'était pour moi un devoir strict de respecter le texte de l'auteur. Il y a longtemps, en effet, que je suis fixé sur la *valeur historique* du boulet de Surville et sur l'*authenticité*

Après avoir jonché de leurs morts et de leurs blessés, les rues du faubourg et le pont de Seine, les alliés, en pleine déroute, fuyaient devant la poursuite de moins de cent cavaliers de la Garde et des autres corps. Leur ralliement, qui avait commencé au bout de la chaussée de Saint-Maurice, s'acheva au pré de la Villotte (1).

de la phrase de l'Empereur. Et il me souvient qu'un jour, en 1867, peu de temps après l'érection de la statue de Napoléon Ier entre les deux ponts de Montereau, ayant rencontré chez un libraire de Paris, Edouard Fournier, l'auteur de *l'Esprit dans l'Histoire*, je lui demandai ce qu'il pensait du mot prononcé par Napoléon sur le champ de bataille de Montereau. Edouard Fournier se mit à rire et me fit comprendre que ce n'était pas sous le gouvernement du neveu qu'il fallait *démolir* les mots de l'oncle. Il me renvoya au chapitre LX de son livre *l'Esprit dans l'Histoire*, où on lit ce qui suit : « Il ne faut jamais croire » aux *mots* dits pendant la chaleur d'une bataille ; le sang- » froid manque trop alors, et il en faut pour avoir de » l'esprit ». C'est Rougemont, un spirituel journaliste du temps, qui a certainement fait le mot de Montereau comme plus tard, il inventa, le soir même de la bataille de Waterloo, la fameuse phrase : *La Garde meurt, mais ne se rend pas.* « Faire des mots, ajoute Edouard Fournier, était » le métier de Rougemont, sa spécialité comme on dirait » aujourd'hui. Chaque événement le trouvait son mot tout » prêt en main. Il le vendait à quiconque avait quelque » effet à produire, et s'il n'en trouvait pas le placement, » il l'imprimait sous tel ou tel nom approprié à la nature » du mot et capable de le faire valoir ». Je ferai remarquer en ce qui concerne spécialement l'endroit où aurait été tiré le canon et dit le fameux mot, que tous les artistes ont placé la scène tout près du château de Surville : or, le château est à près de deux cents mètres du cavalier où fut braqué le canon. — (*P. Q.*).

(1) Ce climat, bien que tout près de Montereau, est sur le finage de Cannes ; il se trouve vers la route de Bray, à droite, commence au chemin des Processions et va aboutir en pointe au chemin de fer de l'Est, en face des trois petites arches ouvertes dans la levée du chemin de fer. — (*P. Q.*).

Couverts qu'ils étaient alors par la brigade de Hohenlohe et un gros de cavalerie qui vint de Bray pour protéger la retraite (1), les Bavarois du corps de Bianchi, fuyant en désordre, firent leur retraite par la ville, entraînant avec eux les Wurtembergeois et les Autrichiens qui ne purent se sauver par le faubourg Saint-Maurice. Ils passèrent l'Yonne sur un pont de pontons que, dans leur prévision, ils avaient établi d'avance, à l'endroit dit l'Ile Chardon (2), vers la courbe que décrit cette rivière pour se diriger vers la ville. La cavalerie suivit la grande route et fut poursuivie jusqu'à moitié environ du chemin de Fossard, par les Français de toutes armes, qui menaient avec eux une pièce de campagne dont les boulets se logèrent dans les bâtiments de la poste aux chevaux. L'artillerie fila par Cannes où elle s'arrêta près du moulin et, de là, elle parvint à démonter quelques cavaliers français parmi ceux qui étaient à la poursuite de l'ennemi dans la plaine de Saint-Maurice. L'artillerie légère française fit bientôt taire cette batterie qui continua d'évacuer sur Villeneuve-la-Guyard.

Tandis que, de Surville, le canon de l'Empereur envoyait des boulets dans la masse compacte des ennemis en retraite, dont le mouvement lent et embar-

(1) Les différentes relations de la campagne de 1814 disent que la brigade de Hohenlohe essaya de pénétrer au pont de Montereau pour sauver tout ce qui se trouvait en ville. La vérité est que cette brigade n'approcha du pont qu'à une portée de canon, et d'ailleurs, quand elle parut dans la plaine, la défaite des alliés n'était plus douteuse. Cette brigade, en couvrant la retraite, ne tira que quelques coups de canon et pas même vingt coups de fusil. *(Note de l'auteur)*.

(2) Ce climat est sur le finage de Cannes; il est bordé au couchant par la rivière d'Yonne, au levant par le chemin des Processions et est coupé en deux portions à peu près égales par la ligne de l'Est. — (*P. Q.*).

rassé tendait à s'abriter derrière le bois de Motteux, plusieurs pièces de campagne les harcelaient au carrefour de la Nitrière, sur la route de Bray ; [en outre], du pont de l'Yonne, une autre pièce de douze les canonnait par une embrasure improvisée que l'on avait pratiquée en enlevant une pierre du bahut du parapet. Le plus grand nombre des fuyards avaient jeté leurs armes ; des habitants de la ville, anciens militaires, les ramassaient et les déchargeaient contre eux.

Fin du combat.

Pendant ces derniers instants du drame sanglant qui finissait, les vainqueurs, à la poursuite des alliés, se répandaient dans la ville par toutes les directions. Les habitants, si longtemps opprimés chez eux, ravis de revoir les aigles de la France, s'empressaient d'offrir à nos braves soldats tous les rafraîchissements qu'il était en leur pouvoir de se procurer. Ceux-ci acceptaient d'autant plus volontiers qu'ils n'avaient rien pris de la journée. La nuit vint mettre fin au combat, en faisant cesser la poursuite. Les alliés, en retraite sur Bray, mirent le feu dans tous les villages qu'ils trouvèrent ; mais, grâce au calme de l'air, ils ne réussirent à incendier que quelques maisons dans chacune de ces communes (1).

Le succès des Français avait été longtemps retardé par l'éloignement des différents corps d'armée qui

(1) Les dégâts furent surtout considérables à La Tombe. Les alliés incendièrent complètement sept maisons ; brûlèrent les portes, les volets et les meubles de la plupart des maisons ; emmenèrent tous les chevaux ainsi que toutes les bêtes à corne ; pillèrent tous les effets mobiliers des habitants et consommèrent toutes les subsistances : les dégâts de toute nature s'élevèrent à 85,705 francs. (Note du maire de La Tombe du 24 février 1814, *Archives municipales de Montereau,* H. 2, 16). — (*P. Q.*).

n'arrivèrent que successivement sur le champ de bataille. Après l'action, et pendant la nuit qui suivit, il arriva beaucoup de troupes qui n'avaient pu y prendre part et qui bivouaquèrent dans toutes les directions, tant dans la ville qu'aux abords. Indépendamment de toutes les maisons et de tous les bâtiments de la ville et des faubourgs, qui étaient remplis de militaires, les rues, les places, les cours, les jardins, les ponts, et jusque par delà Surville et Courbeton, tout était encombré de troupes, de chevaux, de parcs d'artillerie, d'équipages, d'ambulances et de voitures de réquisition qui transportaient les vivres et les fourrages. Cette foule mêlée sans ordre se livra au repos, et la nuit se passa tranquillement.

Dès avant la chute du jour, à mesure que les Français avançaient sur Montereau, on avait pu remarquer, sur leurs derrières, que les morts des deux partis se trouvèrent dépouillés de leurs habits en un instant. L'activité, ou pour mieux dire, la barbarie des vampires s'exerça même jusque sur de malheureux blessés. Cette action, qu'on dit être malheureusement la suite de tous les faits de guerre, fut attribuée à quelques habitants des communes rurales environnantes, et aussi à une espèce de spéculateurs qui, ainsi que des bandes de loups affamés, suivent les armées pour exercer cet infâme métier (1). Malgré l'exaspération

(1) On a remarqué que plusieurs habitants de la ville moururent d'une espèce de typhus pestilentiel, pour avoir accumulé dans leurs demeures les habits et hardes qu'ils achetaient à vil prix à ceux qui dépouillaient les morts; et aussi aux gardes nationaux qui vendaient leur vieille défroque pour revêtir les capotes et culottes d'uniforme qu'on leur distribuait. Ces vieilles hardes, imprégnées de toutes sortes de souillures, entassées dans les habitations, produisirent une fermentation putride dont les miasmes furent fatals aux spéculateurs. (*Note de l'auteur*).

que l'occupation des alliés avait produite, les vexations et mauvais traitements de tous genres qu'ils avaient exercés, les habitants relevèrent indifféremment les blessés des deux partis ; ils furent portés à l'hospice de la ville ou aux ambulances, avec tous les égards que commande le courage malheureux, et les chirurgiens civils et militaires les pansèrent indistinctement. Malgré le désordre et la confusion qui règnent dans un pareil moment, on fit un appel à la bienfaisance des habitants pour avoir du linge et de la charpie, et bientôt il s'en trouva en quantité suffisante (1).

L'empereur Napoléon prit son quartier général au château de Surville ; il y coucha, mais son repos ne fut pas de longue durée ; bien avant le jour, il dictait à son secrétaire les ordres que des cavaliers d'ordonnance emportaient dans toutes les directions.

L'action durait encore, quand une première colonne de prisonniers de guerre fut dirigée sur Melun. A la fin, il s'en trouva encore une plus forte qui passa la nuit au bivouac, sous la garde des Bretons. Elle fut, le lendemain, dirigée, comme la première, sur Melun,

(1) Nous voudrions pouvoir consigner dans ce livre de souvenirs, toutes les actions de bienfaisance que nous avons pu remarquer dans ces jours si différents de ceux que nous avons passés depuis. Cette tâche nous entraînerait au delà de notre cadre ; mais nous ne pouvons passer sous silence le dévouement de la sœur Modeste, jeune religieuse, qui seule, dans ces mauvais jours, était chargée du service de l'hospice civil de Montereau. Les soins incessants, de pourvoir, jour et nuit, aux besoins des malheureux blessés qui encombraient tous les bâtiments de cet hospice, ne la rebutèrent pas un instant. Elle pourvut à tous leurs besoins autant qu'il dépendait d'elle, avec cette charité courageuse qui n'attend pas sa récompense des hommes. — Nous devons aussi rappeler ici, pour l'offrir à l'admiration des hommes, le nom du chirurgien Trisoty qui, depuis quelques mois, demeurait à Montereau. Il ne cessa de prodiguer les secours de son art que lorsqu'il eût pansé le dernier blessé. (*Note de l'auteur*).

sous l'escorte des gardes nationaux de la ville qui la conduisirent jusqu'au Châtelet.

Dans la nuit du 18 au 19 février, il neigea avec assez d'abondance pour couvrir la terre de 10 centimètres environ. La gelée qui durait depuis l'occupation de la ville, augmenta le matin du 19 février, au point que tous les corps morts furent gelés et restèrent en cet état pendant plusieurs jours. Après quoi, ils furent, pour le plus grand nombre, jetés dans la Seine ou enterrés dans les champs.

Les rapports officiels portent les pertes des alliés au combat de Montereau à trois mille trois cents morts et blessés, environ trois mille prisonniers, quatre drapeaux et six bouches à feu. Le général Schœfer y fut pris avec une partie du régiment de Zach, et le général Holenlohe fut tué dans la retraite au milieu du faubourg Saint-Nicolas (1).

La perte des Français fut évaluée à environ deux

(1) M. G. Lioret, de la *Société historique et archéologique du Gâtinais*, vient, au cours de ce travail, d'enrichir ma petite collection de l'intéressant document suivant adressé au maréchal Moncey, le 19 février, pour être mis à l'ordre du jour des gardes nationaux de Paris. — *(P. Q.)*:

« Au champ de bataille de Montereau, le 18 février 1814, à 5 heures du soir :

« L'Empereur a fait ce matin marcher les troupes sur les ponts de *Bray* et de *Montereau*. Le duc de Reggio s'est porté sur Provins. Sa Majesté étant informée que le corps du général de Wrède et des Wurtembergeois étoit en position à *Montereau*, sy est porté avec les corps des ducs de Bellune et du général Gérard, la Garde à pied et à cheval. De son côté, le général Pajol marchoit par *Melun* sur *Montereau*. L'ennemi a deffendu la position. Il a été culbuté, et si vivement, que la ville et les ponts sur l'Yonne et sur la Seine ont été enlevés de vive force : de sorte que les ponts sont intacts, et nous les passons pour suivre l'ennemi. Nous avons dans ce moment, environ trois mille prisonniers bavarois et wurtembergeois dont un général et cinq pièces de canon».

mille hommes hors de combat. Le général Delort fut blessé légèrement et le général Château, qui avait commencé l'action dès le matin, fut blessé à mort, au moment où sa division acculait l'ennemi par la droite, au carrefour du pont de Seine, presque au même instant où le général ennemi Hohenlohe tombait à quelques pas de là.

Le lendemain de la bataille.

Le 19 février, au quartier général du château de Surville, le travail de la nuit avait tenu beaucoup de monde éveillé. Aussi, au point du jour, tout était sur pied et les gens de service vaquaient déjà à leurs fonctions. Le maréchal duc de Bellune, mandé dès la veille au soir, arriva vers neuf heures du matin, au moment où l'Empereur descendait le perron du château que le maréchal se disposait à monter (1). La mercuriale que Napoléon lui adressa fut vive et faite d'un air courroucé, à voix moyenne, de manière pourtant à être entendue des grenadiers de la Garde et des gardes nationaux bivouaqués dans la cour jusqu'au pied des murs du château (2). Napoléon rentra et le maréchal le suivit.

(1) Thiers, sur ce petit détail, n'est point d'accord avec notre auteur ; d'après le grand historien, c'est le soir même de la bataille que Victor se serait rendu au château de Surville ; la version de notre auteur me paraît plus vraisemblable, à cause des détails si précis qu'il donne. — (*P. Q.*).

(2) Au moment où les reproches que l'Empereur adressait au maréchal, touchaient à la plus haute véhémence, un vieux sergent des grenadiers de la Garde dit aux autres militaires qui écoutaient avec la plus grande attention ce que disait Napoléon au maréchal : « Voilà le camarade » Beausoleil qui a son sac !... Il n'est pas à la noce ce » matin »... Victor, parti volontaire lors de la Révolution, gagna tous ses grades par sa bravoure ; devenu sous-lieutenant, ses camarades qui étaient, eux, restés soldats, l'avaient surnommé Beausoleil ; c'est à ce sobriquet, qui datait déjà de loin, que le vieux sergent faisait allusion. (*Note de l'auteur*).

On rapporte que la suite de l'entrevue fut des plus orageuses et qu'on vit même le maréchal pleurer (1).

Aussitôt que le jour commença à poindre, tous les logements et les bivouacs furent en mouvement. Au pêle-mêle de l'arrivée du soir précédent, il fallait faire succéder un ordre qui devait résulter du ralliement des différents corps. Il fallait se mettre à leur recherche, car un grand nombre de militaires de tous grades

(1) « Napoléon, dit Thiers, *op. et loc. citt.*, p. 353, ne » se contint pas en le voyant, et oubliant trop la journée » de La Rothière, lui reprocha sa conduite pendant les » deux derniers mois, mêla à ces reproches militaires » quelques reproches politiques, et finit par lui dire que » s'il était fatigué ou malade, il n'avait qu'à prendre du » repos et à quitter l'armée. Le maréchal, à qui l'ordre de » s'éloigner en ce moment paraissait un déshonneur, ré- » pondit à l'Empereur qu'il allait s'armer d'un fusil, se » ranger dans les bataillons de la Garde, et mourir en » soldat, à côté de ses anciens compagnons d'armes. Napo- » léon, vivement touché de l'émotion du maréchal, lui » tendit la main et consentit à le garder auprès de lui ». — Le baron Fain, dans son *Manuscrit de 1814*, raconte la scène à peu près dans les mêmes termes : « Mais c'est » inutilement, dit-il, que Napoléon entreprend de déter- » miner le maréchal à se retirer. Celui-ci insiste pour rester » et paraît ressentir plus vivement les reproches à mesure « qu'ils sont plus adoucis. Il veut même entamer sa justifi- » cation sur les lenteurs de la veille, mais aussitôt ses » larmes l'interrompent : s'il a fait une faute militaire, il la » paie bien chèrement par le coup qui a frappé son malheu- » reux gendre... Au nom du général Château, Napoléon » l'interrompt avec la plus vive émotion ; il s'informe si l'on » conserve encore quelque espoir de le sauver; il n'écoute » plus que la douleur du maréchal et la ressent tout en- » tière. Le duc de Bellune, reprenant confiance, proteste » de nouveau qu'il ne quittera pas l'armée : *Je vais prendre* » *un fusil*, dit-il *; je n'ai pas oublié mon ancien métier :* » *Victor se placera dans les rangs de la Garde.* Ces derniers » mots achèvent de vaincre Napoléon : *Eh bien, Victor,* » *restez*, dit-il, en lui tendant la main. *Je ne puis vous* » *rendre votre corps d'armée, puisque je l'ai donné à* » *Gérard, mais je vous donne deux divisions de la Garde ;* » *allez-en prendre le commandement, et qu'il ne soit plus* » *question de rien entre nous* ». — *(P. Q.)*.

ayant logé en ville, on ne savait où ils s'étaient arrêtés et, par conséquent, où les trouver. Ce soin donna lieu à un mouvement continuel d'allées et venues, à travers la ville et les faubourgs, dont les principales rues étaient tellement encombrées, qu'il devenait impossible d'y circuler. Cet encombrement se compliquait de la circulation, en tous sens, des charrettes, des canons, des caissons, des chevaux. C'était au point qu'à certains instants, toute cette foule s'arrêtait stagnante, ne pouvant plus ni avancer, ni reculer. Enfin, les extrémités en se dégageant petit à petit, rendirent le mouvement un peu plus facile. Cela durait encore vers dix heures du matin au moment où l'Empereur, monté sur son cheval blanc, descendait de Surville pour venir à Montereau. Son escorte, en avant, refoulait tous les embarras des grandes rues dans les rues latérales, dans les cours et jusque dans les maisons (1). Ce fut à travers cette foule qu'il traversa la ville au pas en s'arrêtant souvent, pour parvenir jusqu'au bureau d'octroi du Gâtinais (2); ensuite, il retourna, par

(1) La lettre de Mlle E. B., écrite le 19 février, et que j'ai déjà citée, dit : « L'Empereur est à Surville et il a passé ce » matin dans la ville, aux cris répétés de : Vive l'Empereur ! » et il a salué tout le monde ». — Je tiens de M. Benoist-Sachot, qui habitait alors la place du Marché-au-Blé, dans la grande maison qui fait le coin de la place et de la rue des Chapeliers, que l'Empereur vint aussi sur la place du Marché, où il passa une espèce de petite revue des troupes qui avaient bivouaqué sur cette place. — (*P. Q.*).

(2) La partie bâtie de la ville se terminait, en 1814, au bureau d'octroi du Gâtinais. Ce bureau est encore aujourd'hui à l'angle de la Grand'Rue et de la rue des Arches, [mais il a perdu] sa destination en novembre 1857 et [a été] remplacé par un bureau provisoire placé à la demi-lune. (*Note de l'auteur*). — Le bureau provisoire en bois placé dans le petit square qui est bordé par la Grand'Rue et la rue Victor Hugo existe encore lui aussi : il a été transformé en une petite maison d'habitation sise sur la route de Fossard à gauche, après le viaduc du chemin de fer de Lyon. — (*P. Q.*).

le même chemin, à Surville, où il donna audience aux maires des communes environnantes auxquels il adressa les paroles les plus bienveillantes et les congédia avec l'espoir que les habitants seraient indemnisés des pertes que la guerre leur faisait éprouver (1). A onze heures et demie, précédé par plusieurs régiments de cavalerie et entouré de celle de sa Garde, Napoléon partait pour Bray-sur-Seine. Tous les corps s'ébranlaient successivement et partaient dans la direction de Donnemarie, Bray et Sens. A deux heures après midi, il en restait si peu que la ville, si encombrée le matin, paraissait déserte le soir. Les colonnes de prisonniers dirigées la veille sur Melun, ne furent pas tout ce que le combat de Montereau avait coûté aux alliés ; pendant la journée du 19, les habitants des communes en amenèrent en ville cinq à six cents, qu'on trouvait cachés de tous côtés. On les enferma dans l'église où ils demeurèrent sous la garde de deux citoyens de Montereau, jusqu'à deux heures de l'après-midi, où on les fit partir sous l'escorte des habitants de Valence et du Châtelet qui vinrent exprès les chercher (2).

(1) Ces pertes, dont nous avons déjà donné un aperçu pour quelques communes, furent énormes. A Forges, elles furent de 47,200 fr. (*Archives municipales de Montereau*, H. 2, 14). A Montereau, elles s'élevèrent à 550,000 francs se décomposant ainsi : Réquisitions par l'armée française : 45,600 francs ; réquisitions par l'ennemi du 13 au 18 février : 160,000 fr. ; pertes de toute nature subies par les habitants : incendie, chevaux, bestiaux, meubles, effets, vivres, pillage de toute nature, etc. : 350,000 fr. — (*P. Q.*).

(2) Une délibération du Bureau des marguilliers, en date du 8 octobre 1815, constate que la Fabrique est en déficit « à cause des réparations extraordinaires... occa- » sionnées par l'explosion des ponts et le séjour des pri- » sonniers, des militaires et des chevaux dans l'église ». (*Archives de la Fabrique*, série A, cote 4e, p. 17). — (*P. Q.*).

APPENDICE

Le récit de M. Tondu-Nangis finissant un peu brusquement, il m'a paru nécessaire de le compléter par quelques détails que j'emprunte à la *Correspondance de Napoléon Ier*, t. XXVII, pp. 226 et ss.

Les derniers coups de canon tirés des hauteurs de Surville vibraient encore, que déjà le grand capitaine avait conçu le plan d'une autre bataille à livrer entre Nogent et Troyes *(Lettre 21,303)*. A peine installé au château de Surville, à cinq heures du soir, des ordres pour l'exécution de ce plan sont donnés au général Berthier, major général de l'armée : Le général Pacthod fera ramasser les fusils et les shakos qui se trouvent sur le champ de bataille et fera prendre les capotes, les shakos et les gibernes des prisonniers pour équiper les gardes nationaux; Macdonald, duc de Tarente, partira le lendemain matin, de bonne heure, afin de passer le pont de Montereau à la pointe du jour; Oudinot, duc de Reggio, partira le lendemain matin, de façon à passer le pont de Montereau de bonne heure; Ney, prince de La Moskowa, partira au point du jour pour se rendre à Montereau; les généraux Allix et Charpentier partiront au jour, pour se rendre à Fossard, où ils arriveront de bonne heure; la brigade de dragons, venant d'Espagne, partira à la pointe du jour pour se rendre à Montereau; tous les détachements de cavalerie se trouvant à Essonnes, Corbeil et Villeneuve-Saint-Georges, se rendront à Montereau; le général Pajol se portera dans la nuit, avec sa cavalerie, à Fossard; le général Gérard fera passer, dans la nuit, tout son corps d'armée, deux divisions sur le chemin de Sens et une division sur le chemin de Bray. Napoléon n'oublie aucun détail : ni les blessés qui, après avoir été pansés, devront être évacués par eau sur Paris; ni les cartouches qui devront être distribuées à tous les corps; ni le pain qu'on devra faire pour quatre jours, parce qu'on aura peine à en trouver dans la Champagne-Pouilleuse, en s'approchant de Troyes; ni les récompenses à accorder à ceux à qui il doit la conservation du pont de Montereau *(Lettre 21,296)*.

Le lendemain, 19 février, à trois heures du matin, l'empereur est debout et son premier soin est d'écrire à son frère Joseph, pour lui annoncer le succès de la veille et il ajoute, ce qui prouve bien que l'entrevue de Napoléon et du maréchal Victor eut lieu dans la matinée du 19, et non le soir même de la bataille, comme le dit Thiers, il ajoute : « J'ai renvoyé le duc de Bellune dont je suis » mécontent pour son excessive lenteur et négligence » *(Lettre 21,297)*.

Les ordres au major général de l'armée se succèdent, mais Napoléon pense à tout : il s'est aperçu que la veille, « à trois heures après midi », les pièces de canon « manquaient de munitions, non par suite des consomma- » tions », mais parce que le général Digeon, qui commandait l'artillerie du 6me corps « avait tenu son parc trop » éloigné » du champ de bataille, et il lui fait adresser ce reproche : « Dites-lui qu'un officier d'artillerie qui manque » de munitions au milieu d'une bataille mérite la mort » *(Lettre 21,301)*; il sait aussi la belle conduite de Pajol et, en lui accordant quinze jours de congé, il lui fait témoigner « l'intérêt qu'il prend à ses blessures et la satisfac- » tion qu'il a de ses services, notamment de ceux qu'il » lui a rendus dans la journée d'hier » *(Lettre 21,302)*.

La journée du 19 février se passa tout entière à faire converger les troupes à Montereau et à leur faire traverser la Seine et l'Yonne, tant sur les ponts qu'au moyen de deux ponts de bateaux établis : l'un, sur la Seine, en face du cimetière actuel ; l'autre, sur l'Yonne, à Cannes. Aussi, après cette journée de fatigue, l'Empereur put-il, à neuf heures du soir, écrire au roi Joseph : « Mon Frère, » il nous a fallu toute la journée, pour passer cet horrible » défilé de Montereau », et il ajoute : « Je regrette beau- » coup la blessure du général Châtaux ; c'était un officier » d'espérance..... » *(Lettre 21,318)*.

Le lendemain, 20 février, à cinq heures du matin, le premier soin de Napoléon est de s'occuper des soldats blessés et malades ; puis, les ordres de marche pour les troupes se continuent pendant toute la matinée. Napoléon quitte alors le château de Surville, mais il s'arrête quelques instants à Montereau, pour adresser deux lettres : l'une *(21,325)*, au général Clarke, ministre de la guerre, lui annonçant l'envoi de drapeaux pris à l'ennemi ; l'autre *(21,324)*, au roi Joseph, au sujet des négociations entamées avec l'ennemi : « Mon Frère, lui écrit-il, le duc » de Bassano vous enverra copie des propositions des alliés. » Vous verrez par là combien vos sermons sont hors de » saison, et que je n'ai pas besoin d'être prêché pour » signer une paix honorable, si elle était possible..... ».

Le même jour, 20 février, vers cinq heures du soir, Napoléon, parti de Montereau à onze heures et demie du matin, par la route de Bray, arrivait à Nogent-sur-Seine et allait essayer de continuer cette mémorable campagne de 1814 qui devait si malheureusement finir, le 11 avril suivant, par l'abdication de Fontainebleau.

P. Q.

TABLE

PAGES

I

Avant la Bataille

II

La Bataille

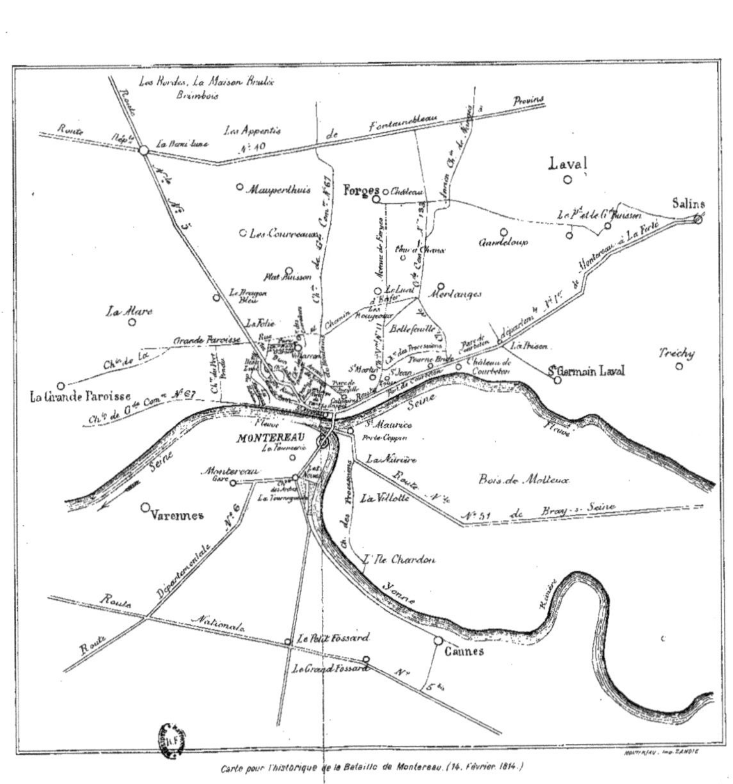

Carte pour l'historique de la Bataille de Montereau. (14. Février 1814.)

www.ingramcontent.com/pod-product-compliance
Lightning Source LLC
LaVergne TN
LVHW020351230826
846091LV00003B/1054
* 9 7 8 2 0 1 3 6 8 3 4 8 7 *